政治が終わるとき？

——グローバル化と国民国家の運命

A・ギャンブル
内山秀夫［訳］

新曜社

妻クリスに

――運命がちょいとねじれたばっかりに――

現実の歴史は運命に打ちひしがれているが、法則はまぬがれている。

オスワルド・シュペングラー

われわれを苦しめている悪の中のどれだけ多くが全面的に不必要であり、そうした悪は統一された努力によって数年以内に終らせることができるということを、はっきり認識している人間はほとんどいないようである。すべての文明国にある多数の人たちがそのように望めば、二〇年以内に、あらゆる赤貧、世界中の病気の確実に半分、人口の十分の九を縛りつけている経済的隷属状態全体を終らせることができたことだろう。そうして、この世界を美と歓喜とでみたし、平和がゆきわたってすべてに及ぶ状態を、われわれは手に入れることができたはずだ。これが達成されないのはただ一つ、人間が無関心だからだ。想像力が貧しいからだ。そしてこれまで常に存在してきたものが、常に存在しなければならないものだ、と見なされているのだ。善意、寛大さ、知性をもってすれば、こういったことがらはなしとげられたはずなのだ。

バートランド・ラッセル

戦争の可能性が完全に駆逐された世界、つまり完全に平和が達成された地球は、友と敵の区別のない世界、したがって政治のない世界になることだろう。

カール・シュミット

政治は少なくともいくつかの異なる真実についての寛容、つまり、対立する利益の開かれた討論の中で、統治は可能であり、現にもっともよく行われるとする認識を表現している。政治は自由人の公的な行為なのである。

バーナード・クリック

時と運命には無力なれども、意志は強し

テニソン

日本語版への序文

活動《アクティビティ》としての政治はいちじるしく軽んじられており、われわれが生きている時代は反政治時代と表現される場合が多い。政治にかかわる重大な問題はすべて解決されてしまい、政治は退屈になって、些末で人間の生活からかけ離れるようになったと主張することが、一九九〇年代では流行になった。だが九月十一日にアメリカでおきた出来事が明らかにしたように、事態はそんなに簡単ではない。ある肝腎な意味で、政治がわれわれから離れないのだから、われわれにしても決して政治から離れられないのだ。政治的決定に影響を及ぼそうとすることを断念したからといって、政治的決定がなされないというわけではなく、それが他の人たちによって行われるというだけのことである。政治は権力・秩序・アイデンティティという基本的な問題――われわれは誰なのか、われわれは何を手に入れるのか、われわれはどのように生きるべきか――を対象にしているのだから、政治は、われわれが創ってきた社会と切り離すことができないのである。このように理解された政治には、アイデンティティと献身、権力と資源、秩序とルールが含まれる。政治は、政党と運動の対立を生みだす利益・イデオロギー・価値の絶えざる衝突、社会的・経済的秩序の択一的諸原理、そしてその原理を実現する競合を発信する。政治の中心にあるのは、公的な意志と公的な目的の形成、公益の決定、保守さるべきものと改革さるべきもの、公的であるべきものと私的であるべきもの、そしてそれによって社会が管理運営されるルールである。

国民国家はかつて政治の中心であると主張されたが、過去三〇年間にグローバル化論によって挑戦を受けてきた。その主張のより極端な論述には、国民国家は衰弱死しつつあって、社会が組織化される筋道には意味がなくなりつつある、と宣明しているものもある。超国家的な企業と超国家的なメディアが、次第に相互関係を深めているだけでなく、次第に画一化を深めている、一つの世界を創りつつある。国民国家を、もはや支配できなくなっているものを支配しようとむなしい努力を重ねている、反動のとりでと認識する者もある。インターネット・テレビ・旅行を通じてのコミュニケーション爆発が旧世界を破壊し、それに伴って旧政治を破壊しているのだ。

グローバル化世界の視角からすれば、重要な決定は、モンサントとかマイクロソフト、あるいはニューズ・インターナショノルといった超国家的大企業だけでなく、世界貿易機関・国際通貨基金・世界銀行といった国際機関によって次第に担当されるようになっている。こうした実行機関《エイジェンシィ》の活動と決定を論じ、それらを公的な吟味と論議に開放しようとする新しい政治が成長しつつある。われわれの世界はかつてないほど《一つの世界》になりつつあり、気候変化・環境被害・核拡散・国際テロリズム・飢餓といった世界が直面している脅威の多くは、その原因と結果においてグローバルである。今はもうそれを免れる者はいない。解決策はグローバルなそれでなければならないだろう。あるいはそもそもそうした解決策をもってしても解決策にはならないだろう。

もしも政治がそこにはたらくようにできなければ、人間の前途はきわめて暗澹たるものである。アメリカでの出来事は、われわれの相互依存度、そしてまたわれわれが直面している共通した危険度を例証している。われわれは、人と物の動きにきびしい統制を課している、世界経済の三大中心――ヨーロッパ・東アジア・北アメリカ――に基礎をおいた、重武装の孤立主義ブロックにあと戻りすることができるし、いっそう悪いことに、対立する文明間――イスラム対西欧――の衝突を目撃もした。だが、別の道もあるのだ。テロリストの攻撃は、過去五〇年間に台頭しはじめた脆弱な国際機関と国際法を発展させ、確定し、高める触媒になりうるのであり、かくして、人間の歴史にあってこれまで経験してきたのとは違った種類の世界秩序を達成する希望をわれわれに与えている。もしこうしたヴィジョンが実現されるのであれば、すでに豊かで力をもった人たちだけでなく、世界のあらゆる人たちにも正当で公正と認められる新しい機構を構築しなければなるまい。

こんなことはおきえないし、想像を絶する規模での紛争が高まり、窮乏が昂進し、自然と人間による災厄が増大し、おそらく人類そのものの絶滅にいたる未来にわれわれは直面するのだ、と信じている者もある。だが、これはのがれられない運命ではない。われわれは現に選択肢をいくつかもっている。われわれが政治に参加する時、われわれの運命はわれわれ自身が手中にし、よりよい世界を構想することができ、それを実現するべく方策を講ずることができるのだとわれわれがはっきりと理解するということが、政治の重要性なのである。九月十一日事件にたいするわれわれの反応は、絶望の叫びではなく、行動への呼びかけであるにちがいないのである。

二〇〇一年九月

イングランド・シェフィールドにて

アンドリュー・ギャンブル

序文

本書が探っているのは、西欧において現に存在している政治ばなれの状況である。政治はかつて、人間社会にその運命をコントロールする力を与えることのできる活動とみなされていた。ところが現在では、ものごとをコントロールしようとする、とりわけ政治によってものごとをコントロールしようとする人間の能力について、深刻なペシミズムが存在している。人間の状況についてのこの新しい運命論《フェイタリズム》が主張しているのは、われわれが現在、人間の事態における大きな分岐点を切り抜けようとしていることなのである。それが反映しているのは、二〇世紀における自由主義と社会主義のユートピアに含まれていた政治的な希望の幻滅と、理性と進歩についての啓蒙思想の大きな物語《ナラティブ》、そしてモダニティそのものにたいする広範囲にわたるしらけ感覚《ディスエンチャントメント》である。それをもっとも特徴的に表現しているのは、最近になっていっせいに表面化してきた終焉論《エンディズム》に関する無数の言説――歴史の終焉、イデオロギーの終焉、国民国家の終焉、権威の終焉、公共圏の終焉、政治そのものの終焉――である。われわれのこの時代の運命は、グローバル化とテクノロジーに発する巨大な非人間的諸力のつくりあげた鉄の檻、反政治的であると同時に非政治的でもある社会、もう一つの未来を想像したり推進したりする希望や手段のない社会に生きることである。私が反論を加えるのはこうした言説の非常に多くに黙示されている運命論にたいしてであり、同時に、モダニティの主流をなしている言説の多くに常に存在してきた運命論にたいしてである。そうして私は政治と政治的なものの擁護に着手し、なぜ政治によらなければ何ごともなしえないかを説明し、政治と運命との複雑な関係、そしてこの両者間に今なお持続している必要な緊張関係を探ってみる。

試論《エッセイ》の形をとっているので、本文を混乱させ、行論を乱さないように、脚註と出典は省略した。何人かの著者の名前をあげたところがあるが、そうしなかったら誤解を招きかねないからであって、私のねらいは、特定の学者たちの考え方を解説することではなく、政治に関する現在の西欧の論説に認められる一般的な主題のいくつかを探ることにある。巻末に文献リストを掲げておいたが、それは、本書で提示した争点のいくつかについて読み進めたいと望む読者に目を向けてもらいたいと思うものを示している。

本書の着想のもとになっているものの一つは、かつてシェフィールド大学の政治学担当教授であったバーナード・クリックの著書『政治の弁証』(*In Defence of Politics*) であった。これは、私がはじめて読んだ政治に関する書物の一冊であった。私の論旨と政治理解は彼とは違っているけれども、活動としての政治の重要性とそれを擁護する必要については同じような評価に発している。

『政治経済研究センター』(Political Economy Research Centre) は、本書で論じた主題について考える、非常に刺激的な環境を提供してくれている。この数年間、その知的な支えとはげましをいただいたことにたいして、私は『政治経済研究センター』の同僚すべてに謝意を表したい。とくに、ゲイビン・ケリー、デイビッド・マークアンド、アンキー・ヒューグベルト、ジョナサン・ペラトン、マイケル・ケニイ、そしてトニイ・ペインに負うところがある。最後にあげたお二人は、ポリティ・プレス社側の検討読み手として本書の初期原稿を読み、多くの有益な示唆と批判をして下さった。そのすべてに対処できなかったのではないか、と私は懸念している。私はまた多くの着想をいただき、得るところが大きかった論議をしていただいたことにたいして、ダンカン・ケリー、マシュー・フェステンスタイン、ジェームズ・メドークロフト、キャリー・オッペンハイム、ニック・スチーブンソン、クレアー・アネスレー、スチーブ・ラドラム、トニー・ライト、ベン・クリフト、イアン・ケアンズ、ダニエル・ドラケ、ブルース・ピルビーム、アレクサンダー・ガイマラエス、施光恒、ラジブ・プラブハカー、そしてジャスティン・ベンサムにも感謝したい。本書を執筆していた全期間にわたって示されたはげましと忍耐にたいしてポリティ社のデイビッド・ヘルド、ギル・モトレー、リン・ダンロップに、そして適度に批判的であったトム、コリーナ、そしてサラにも謝意を呈したい。

シェフィールドにて

アンドリュー・ギャンブル

政治が終わるとき?■目次

装幀——加藤俊二

1 運命

もしも政治が終焉を迎えているとしたら、もしもそのことがわれわれの運命だとしたら、これはいったいわれわれに何を意味するのだろうか。近代では、政治はある場、すなわち、政治の基本的な疑問――われわれは誰なのか、われわれは何を手に入れるべきなのか、われわれはどのように生きるべきか――にたいする答えを追求する政治的な領域を創りだすことで、人間の社会にその運命をコントロールする力を与えることを約束した。このように理解された政治に含まれているのは、アイデンティティと献身、権力と資源、秩序とルールである。政治が発信しているのは、利益・イデオロギー・価値観の不断の衝突であり、それが政党と運動の対立、いくつもの社会・経済秩序原理からの選択、そしてそうした原理を実現する争い、を生みだしているということである。政治が対象にしているのは、公共の意志と公共の目的の形成、公益の決定、何を保守し何を改革すべきか、何が公で何が私であるべきか、そして社会をとりしきるルールである。しかしながら、こうした考えすべてを支えているのは、われわれとわれわれの社会はいったいどうなるのかを握っているのがわれわれ自身なのだ、とする信念である。

二〇世紀のさまざまな出来事がこの楽観論を打ちのめし、なにごとにもあれ、多くのものごとにたいして、とくに政治を通じて今後も対処してゆく人間の能力についての懐疑論をひろめた。活動としての政治にたいする二つの見方が広くゆきわたるにいたった。一方の見方は、政治を腐敗・荒廃・非能率・利己主義にむしばまれた、どうしようもなく保守的であり、革新と変革を阻止するのを常態とする障害物であり、さらに社会の最も活動的でない部分だとさげすんでいる。別の見方は、政治を全体主義の始まりとして懸念するものであり、紛争を悪化させ、イデオロギー的なコミットメントをかき立て、世界を形成する人間の能力について傲慢さを助長し不道徳な独裁制にゆきつくとするものである。

こういった反 - 政治心情は「終焉論」の突発のあおりを受けた。最近数年間、政治に関する多くの論説に終焉論的なトーンが増大してきており、マスメディアには、ほぼあらゆることの終焉、だがとりわけイデオロギー、歴史、権威、そして国民国家の終焉を公然と語る著書や論説であふれている。かつて政治と政治の領域を規定した特性はすべて価値を失い、枯渇し、破棄されている。終焉論者の中にはこうした変化を嘆く者もあるが、多くはその変化を歓迎している。彼らは政治そのものの終焉を期待しているのである。

西欧思想に持続している主題は、政治のない、そして紛争のない世界という夢であった。こうした社会を実現することは可能なのか、あるいは政治的なものは人間的であることのかけがえのない一面なのか。西欧人の想像力にはびこっていたこのユートピアの多くは、まったくのところ非政治的な場であった。そこではこれまで政治によって果たされた課題はすべて、見えざる手によるか、あるいはある至高の知性によって組み立てられ、それ以上の配慮を必要としない。しかし、こうしたユートピアの多くは政治の成果として想定されたのであり、それ以後、政治は不要とされたのである。今日では、政治は消滅しつつあるとの主張が当りまえになり、自由意思主義であると集産主義であるとを問わず、どんなユートピアでも、それが達成される以前に政治が消滅するのである。現代は反‐政治的で非政治的な時代だと言明されている。政治に不信感をもち、政治を軽侮する衝動があるし、政治にたいする信頼が減退するのに比例して、政治にたいする関心も参与も低減している。政治空間は縮小しつつあり、それにともなって現状にたいする何らかの真剣な選択肢を構想する、あるいはそれを実現する可能性も縮小している。このことこそ、われわれの運命なのだ、と思われるのである。

政治的なものの理念

政治的なものなぞは必要ではない。だがやはり政治にはまつべきものは多分にあるのだ。しかし、政治と政治的なものの意味は現在かなり悲観的にしか理解されていないのであり、それはある程度は、それがただ一つの紛れようもない意味をもっていないためである。政治ということばは、総括的に表現すれば、統治の学芸（the science and art of government）はもちろんのこと、一般には政府をめぐる問題状況（government affairs）と政治的生活の特定の側面を指すものとして用いられる場合が多い。しかし、もっと正確な使い方で用いられている場合もある。こうした使い方は、政治的なものの本質は何か、そしてそれはそれ以外の世界の見方とどのように区別さるべきか、ということの規定によるのである。政治的思考の特徴の一つは、その規準が二項対立――それは、公と私、味方と敵、内と外といった根本的な対立関係を用いている――だ、ということである。この二項対立は、政治的なものについての三つのはっきりした、往々にして敵対する考え方を生みだしている。

それを分ける重大な境界線は、政治を対立する利益を調停し社会を運営する公共領域《パブリック・ドメイン》と公共言説《パブリック・ディスコース》を創りだす、安定した国家《ポリティ》内活動とする見方と、それに所属する者とそうでない者とを識別することで、主権をもった政治的実体としてまずは国家を設立した後に国家を維持する活動とする政治の見方との間にある。前者は公と私との区分にもとづき、後者がもとづいているのは敵と味方との区分である。前者にあっては、公共領域――多様性を承認し、審議・交渉・利益の代表・アイデンティティの表現のための空間を認める制度群――が存在するかぎり、政治的なものが成立する。政府はこの公共領域の一部であって全部ではなく、政治と対照をなしている。権威主義体制の場合のように市民社会の利益と意見が接合されるチャンネルがないとか、いくつもの民主主義国の場合のように、たとえ接合されるにしても、現実に政府がやっていることがそれらと絶縁しているという理由で、政治が抑圧されているにしても、政府は存在しうるのである。

　政治的なものの第二の考え方からすると、しかしながら、公的なものと私的なものを、審議と代表のさまざまな形を通じて決定することは、アイデンティティの決定、すなわちあらゆる政治的実体の基盤に較べると、それほど重大ではない。国家は、個々の人間が所属する最高団体《シュープリーム・アソシエーション》であって、多くのものの一つではないのである。それは究極的には、集合的な本体《ボディ》である国民のために、戦争になったら市民の生命の犠牲を要求することができるからである。第一の考え方と同じく、政治的なものは多様性に依存しているのだが、重要なのは、国家内での利益・意見・アイデンティティの多様性ではなく、相互の存在を潜在的に脅かしている多数の国家、つまり多数の個別な排他的独立《ソベレンティズ》国の存在から生ずる多様性なのである。このことが当っているかぎり、当の国家だけが政治的な実体として存在しているのだ。普遍国家がこれまでにあったとしても、それだけではそれは政治的実体ではなかったはずである。というのは、その国が対抗的に自己を規定できる、そうした他者がなかったからである。

政治的なもののこの二つの考え方に立つ人たちは、それに対抗する考え方に反-政治的《アンタイ-ポリティカル》というレッテルをはる場合が多い。その論争は、政治秩序の要件に関する政治思想の西欧的な伝統につきまとっている、旧来からのものである。だがこの不一致は、おそらく誇張である。どちらの考え方も、近代国家を理解するに当っての政治的なものの重要性を強調しており、政治的なものに関する完全な説明はこの二つの考え方を統一することを要する。現代のまぎれのない反-政治的な理論は、政治的なものを近代の経験の中心にあるものとしてではなく、より根深くより根底的な諸力に寄生していて、だからこそ容易に衰滅しうるものとみなしている。こうした反-政治的な論旨は、終焉論の著述に多く認められる。そうした論旨が主張しているのは、政治を活動と見るこの二つの考え方にあってはいずれも、政治的なものが衰退している、ということである。

技術的な管理《テクニカル・アドミニストレーション》が拡大し、国家間紛争が遠のくにつれて、公共領域は縮小し、主権は弱体化する。

政治的なものについての第二の考え方は、政治ということばが用いられる、日常的な感覚に近いものである。ここでいう政治的だというのは、肩をもつこと、加担することである。この考え方からすると、政治は、優位を求めてたたかう党派、権力を求める闘争、そして自分たちの利益に奉仕する手段として原理と価値観を利用はするが、それらにたいしてより深い愛着はもたない個人やグループの引きたてと結びつけられる。政治とはとりわけ、策略、陰謀、共謀、策動、圧力活動、操作である。この理由からして、政治は、当局者からすれば、反対派と提携した破壊的で不和をもたらす活動とみなされる場合が多かった。政治は、権力から排除された人たちが、十八世紀イギリスの国歌の歌詞にあるように、「政治運動家の面皮をはぎ、彼らの不正な計略をくじき……、神よ王を救いたまえ」に加わることなのである。だが、この種の政治を押え込むことは容易なことではなく、それをともなわない体制はこれまで存在しなかった。そのことを考慮しないですますことはできない。その中心になっているのは、誰が力をもっているのか、誰が議題を設定できるのか、そして利益にかなう決定を獲得できるのは誰なのか、である。それは、地位《ポジション》と位置《プレース》の政治であり、保護者と依頼人の政治であり、常に権力を中心として出現する取巻きの政治なのである。

権力・アイデンティティ・秩序

この意味での政治がなくなってしまうことはないだろうし、現になくなるという者はいない。だが政治が縮小してしまって、結局はこの意味での政治的なものしか残らなくなる、という可能性があるのではないか。人間の社会がその将来を形成しうる、とする近代的な確信の中心にある、主権ないし公共領域の創出としての政治的なものという考え方が、現代の世界から消滅しつつあるのではないか。本書で主張しているのは、そうした考え方が現在も将来も消滅しない、ということである。政治的なものの三つの次元――権力としての政治、アイデンティティとしての政治、秩序としての政治――によって構成される政治の領域はやはり、人間の経験ならびに人間の能力の重大な構成要素として存続するのである。国家は――国家であるためには――、この三次元すべてを必要とする。活動としての政治がこの領域を支えるし、そうするために、活動としての政治は、政治的なものの三次元すべてとかかわらねばならないのだが、政治的な領域の現実的な実質は、どんな国家にあってもあらかじめ決定されてはいないのだ。それは政治そのものの活動を通じて形成されねばならないのである。

権力は、誰が何を、いつ、どのようにして手に入れるかを問う、政治的なものの手段的な次元である。それは、誰が組み入れられ、誰が排除さるべきか、誰が「与党」で誰が「野党」かについて決定がなされる空間である。権力が決定するのは、公職者が直接コントロールする行政的・規制的決定はもちろん、任命公職の分配から課税と給付金の分配にいたる、資源配分の方式である。したがってそれには、すべての制度化された権力機構と不可分な取巻き政治が含まれるのだが、それ以上に、政党と圧力団体の組織ならびに拡大国家に集中的に出現するネットワークと政策コミュニティ全般にわたる広範囲のものでもあるのである。それが対象としている任務は、共通の基盤を求めること、合意と合同を樹立すること、敵対者を和解させること、十分な合意と正当性をとりつける解決策を見出すこと、決定作成者への接近路を獲得することである。政治体制《ポリティ》を構成している多様な利益間の仲介者としての政治家の役割が民主主義体制の重大な役割なのだが、権威主義体制はそれが欠如していることで、異彩を放っている。だが、どんな体制であれ、公職、公的契約、課税と給付金を配分する何らかのメカニズムを必要としている。かくして、それぞれの文化と政治体制には多大の違いがあるにしても、それにはそれだけの絶えることのない魅力が存続しているのである。

アイデンティティは政治的なものの表現的な次元、つまり、「われわれは誰なのか」との問いを発する次元である。それは価値と原理の選択がなされねばならぬ空間であり、人びとが自分は誰なのかを規定する空間、人びとがあるアイデンティティを受け入れ、あるいは承認し、そうしてコミットメント、忠誠心、義務、責務の特定のセットを身につける空間である。あるアイデンティティを選択する、あるいは容認するということは、世界を特定の流儀で理解するという意味であり、こうしたアイデンティティは必然的に他のアイデンティティとのかかわりで規定される。政治はここでは、われわれと彼ら、敵と味方によって世界を理解することにかかわる。政治的なアイデンティティは年齢・ジェンダー・階級・ナショナリティ・宗教・イデオロギー・エスニシティの偶発的組合せによって決定されるので、それは比較的変らないこともあれば、流動的なことも十分にありうる。政治的アイデンティティは比較的一元的である場合もありうるが、複合的で重合的な場合もある。この中でもっとも重大なアイデンティティは国家そのものである。というのは、これこそが他の政治の形態の基礎を創りだすからである。すべての人間が同じ価値を共有しているのであれば、異なった政治的アイデンティティは存在しないことになるだろうが、経験が多様であれば、価値にしても違ったものになるはずである。そうすれば、政治的に有意な多数の異なったアイデンティティが構成され、みがきあげられ、適応される空間が創りだされる。

この空間は政治的空間であり、政党がそれを植民地化しコントロールしようとすることはありうるが、それを独占することはできない。政治のエネルギーと情動的な推進力《エモーショナル・チャージ》の多くが、政治的アイデンティティを決定する予想もできない深い底流、つまり、中央エリートの利己的な策略の手が及ばない世界から発生するのだ。

秩序は政治的なものの規制的な次元、つまり、「われわれはいかに生くべきか」との問いを発する次元である。それはあらゆる社会活動の枠組、拘束力をもったルールの創出と実施を決定する空間である。これに含まれているのは、国家の基本構造と理解されているもの、さまざまな政府部門の権限、代表と選挙、権利と責任の機構を決定しているルールであるが、その範囲はもっとずっと広い。ある政治体制そしてある社会をなり立たせているものにしても、その社会内での社会的な交換と相互作用のパタンを形成している制度的配置なのである。こうした配置は、政府そのものよりもずっと広範囲な管理運営《ガバナンス》の制度であり、地域社会と利益社会はもちろん、市場・ネットワーク・家族といったものまでも含んでいる。ある社会および経済の管理運営のこの種の様式はすべて、究極的には政治的な認可を受け、政治的に支えられねばならない。こういった制度の多くは何らかの政治的不同意の対象ではありえないだろうし、だからこそ自然の放射物として現れるのかもしれない。だが社会が危機に瀕すれば、社会秩序のこの究極的な政治的基礎が発現する。

この政治の三次元――権力・アイデンティティ・秩序――はすべてその内部に対立を含んでいる。すなわち、どのように資源が配分されるのかを誰が決定するのか、そしてこういった決定はどういうものかについての対立であり、さまざまな種類のアイデンティティとそれがどのように表出され代表されるかについての対立、そしてさまざまな政治的・経済的・社会的な秩序の構成原理をめぐる対立である。こうした対立から政治的なものの特異な多層化された考え方、つまり、政治が世界の秩序化にたいしてだけでなく、世界の変革にも果たしうる貢献に信頼をおくとする考え方が立ち上るのである。現在の運命論が挑戦しつつあるのは、この考え方なのである。

運命という理念

人間は常に運命に支配されてきた。運命は暗い影のように人間にのしかかっている。運命は有限性を含意している。すなわち、個人のいのちと種の生命であるとを問わず、それが自然の限界をもっているという知識を含意しているのである。一人ひとりの人間の運命とは死であり、種の運命は、太陽の存在が有限であるか、それ以外の何らかの自然の根拠によるかは別として、地球上の生命の絶滅である。この意味での運命はいつも人間の文化の重要な構成要素であり、一つの理念としてのその力を、人間の条件は不可避であり、変えようがない特性をもつという事実から引きだしている。生命は、ある永久の創造的な緊張関係の中で、運命に対立しているのである。

運命はまた宿命《デスティニィ》をも含意している。ひとたびこうした自然の限界が理解されれば、この限界がわれわれの宿命を規定する。だが運命はもう一つ別の意味でも宿命を意味しうる。つまり、あらゆる生命は終らなければならないという理由だけではなく、あらゆる生命はあらかじめきめられたパタンと内容をもっているという理由で、われわれは非常に特殊な仕方で宿命を負わされているという理念である。その生命を構成している個々の事象と、それを終わらせる個々の環境要因はすべてあらかじめきめられているのである。すなわち、それらはともかくも予定されているのであって、自由意志だとか選択という考え方は意味をもたないとされている。われわれの運命は、われわれとは無関係に存在するのだが、ひとたびそれが明らかになれば、われわれの生命のもつ意味を表現するものなのである。しかしながら、われわれに起こることを正確に予言する手段をもっていると主張する占い師を別にすれば、この種の運命は、生命が終ってからはじめて明らかになるのが通常である。その時になってようやく、その生命のもつ意味が理解される。

運命というわれわれの概念は、したがって、終焉（end）という概念、つまり、終了・消失・

死を意味しうる終焉――いちばんはっきりいえば、生命の終焉――という概念と結びついている。だがこの概念はまた、人間の生命の意味ないし目的を示す使い方もできる。終焉《エンド》のこの二つの考え方は、社会の変動と発展を理解するのに用いられてきた。二〇世紀末になって、歴史の終焉、国民国家の終焉、政治の終焉を宣告する書物と論文が殺到したが、そのほとんどは、世界の終焉というはるかに心やすまる告知をおしつぶしてしまった。こうした論説が明らかにしようとしているのは、近代世界と近代文明の運命である。しかし、最後の日が現実にわれわれに（最終的に）到来すると信じている少数の予言者を別にすれば、終焉論の擁護者は、近代社会がまさに絶滅に瀕している、と信じてはいない。それどころか、彼らが主張しているのは、世界理解のいくつかの古い方法、いくつかの古い行動パタン、そしていくつかの種類の制度の終焉と、新しいものがそれに取ってかわるべく準備されつつある、あるいはすでに出現している、というものである。

われわれは今、歴史の終焉ないし政治の終焉に立ち会っているのだとする主張は、たしかに興味をひくけれども、それは主としてことばの上でのものだ。ことば通りにとれば、終焉論は、たとえば国民国家といった特定の社会形態が消失するにいたる、と含意することになろう。特定の王朝とか帝国あるいは政治体制は崩壊するかもしれないが、社会および社会形態がその意味で決定的に、そして究極的に終焉はしないのだ。一四五三年にコンスタンティノープルがトルコ人に奪われたことで、千年以上にわたって存続したビザンチン帝国とその特異な文明は終りを告げた。しかし、戦争と征服の歴史以外には、この種の終局をともなうできごとはほとんどないのである。また、ビザンチン帝国が終るということは、帝国が終るということを意味しなかった。オスマン帝国はまさにその地に立ち上ったのだった。過去との根源的な歴史的断絶を意味すると考えられている革命ですら、厳密に検討してみると、革命以前に存在した社会および国家と強い連続した要素をもっていることが認められるのが普通なのである。

この理由を突きとめるのはむずかしい。特定の国家形態——たとえば、過去三〇〇年間に国際システムのあんなにもきわだった特徴であった国民国家や、現在では消えてしまった大植民帝国——の消滅を思い浮べることはできるけれども、国家そのもの、ましてや歴史そして政治といった存在の消滅を予想することはまず不可能である。そうすることは、それらが構成部分になっている文明と文化の消滅を意味することになろう。そのことばを、たとえば国民国家といった特定の国家形態に適用することですら、慎重に行われる必要がある。国民国家同様に深い根をもった社会形態が、もしも突然いたる所で消滅するにいたったら、それはまさに驚天動地のことがらになるだろう。そうしたことがあるとしても、長い期間をへて消滅してゆくことになる。

したがって、国民国家、歴史、あるいは権威といった存在に、「終焉《エンド》」ということばを適用する使い方は、消滅ということではなく、特定段階の歴史とか政治、あるいは権威の形態が、何らかの意味で終結すると主張するものとして理解した方がよい。この変革は、ただ新しいものが古いものにとって代わること、ないしは古いものが新しいものに移っていって、新しいものの中に包み込まれるようになる過程と理解できる。この二番目の変革理解の方がずっと鋭敏である。それがいおうとしているのは、その変革は生活様式だとか社会形態に反映しうるだけであって、それが孕んでいるあらゆる潜在力が完全に発現されて、もはや創造力を表現しなくなってはじめて、それを理解することが可能になる、というものなのだ。その変革は存続するけれども、それは過去に属しているのである。

宿命としての運命

終焉のこの二つの意味は、われわれが運命をよりよく理解するのに役だつ。すでに見たように、そのもっとも普通の使い方では、生ずるものと予定されていること、あらかじめ予定されていて変更できないものとしての宿命を意味する。この宿命の考え方は、人間の条件そのもの——われわれはすべて死ぬということを知っていること――にも、人間の生活の個々の出来事にも適用することができる。それは、多くの宗教にみられるように、超自然的ないし神意にもとづいた決定であると吹き込まれている場合が多い。このことばを生みだした古典ギリシャ文化にあっては、それは字義的には「語られたもの」、つまり、神の宣告を意味した。宣告は好ましいこともあれば、好ましくないこともある。だがそれはほとんど圧倒的に後者、そして罰の理念を連想させるようになった。われわれは、起きることが運命づけられていたできごとについて語る。結局、宿命としての運命は、死、破壊、破滅という暗たんとした連想をえて、世界にたいするある特定の方向定位――運命論――へ導いてゆく。運命論的であるというのは、別の結果が生ずることはありえないというようにして、ものごとが現われてくるのだ、と信ずることにほかならない。つまり、人間の働きかけによって変化をひき起すことができる、とは望みえないということなのである。だからといって、結果は常に必ず悪いという意味ではない。運命論者であることは楽観論者である、ということも可能なのである。たとえば、摂理という宗教的理念にあっては、世界はあらかじめきめられた道筋で動いているのだが、その結果はひとにやさしい。しかし、ごく普通に見られるのは、運命論とペシミズムとが結びついている事態である。このことは日常的なことばにみてとれる。あるひとに起こるよいことを表現するのに、運命ということばが使われることはほとんどない。悪いとみなされるできごと、そして悪い結果に当てはめられることの方がずっと普通である。

運命論は、社会・政治思想にあっては、社会変革への主要な方向定位の一つであり、終焉論に関して著述するということは、そのもっとも新しい例にすぎないのである。これまでの実例には、社会発展に関する長期にわたる決定論の教義の系譜が含まれている。歴史の終焉、国民国家の終焉、あるいは政治の終焉は、モダニティの運命だと申し立てられている。これらの特定の形態のものは過ぎゆく運命にあったし、それを妨げようとしても誰も何ごともなしえなかった。したがって、たとえば国民国家の運命は、その基礎を突き崩し、それをおきざりにする、グローバル化の過程によって決定される。ひとたびグローバル化がはじまれば、国民国家は死の宣告を受ける。その論理が容赦ないものであり、許される結果はただ一つだからである。特定の人間がそれを計画しているのではなく、国民国家はただ消滅する途上にあるのである。

終焉論はしたがって、モダニティの運命に関する言説群として読みとることができる。本質的にまったく異なる著作を糾合する糸は、終焉論が、最初は啓蒙思想運動の教説《ドクトリン》としてはじまったモダニティおよび近代化の物語《ナラティブ》を追放しようとしているということである。こうした教説は、進歩の理念に与して変化の循環論を拒否した、一群の歴史と社会についてのメタ物語であった。

そうした教説が結びついていたのは、社会は悲惨と抑圧度の少ないものに仕立てられるとする希望であって、人間社会の条件に何らかの一般的な改善が加えられるという希望をまったくもたず、歴史は永久に繰り返される周期をもって動くとする古典時代に一般的な考え方や、あるいは救いは存在する――ただしこの世ではなく、次の世になってはじめて――とする中世キリスト教の見方に結びついていたのではなかった。自由主義と社会主義という啓蒙思想の大きな物語に結晶した、近代期の革命思想は、科学・デモクラシー・資本主義と結びついて、ある種の興奮状態をつくりだした。この興奮状態が生まれた結果、個人は集合することでその状況を改善することができ、そして人間の福祉の増進と人間の悲惨の防止という点では既存のものを前進させる社会を創りだすことができるとする思想が推進されたのである。

終焉論は、啓蒙思想と共に生起し、モダニティの成果が明らかになるにつれて、モダニティそれ自体と共に生起した、ずっと広範囲にわたる幻滅の一部なのである。これは、政治の終焉・歴史の終焉・国民国家の終焉・権威の終焉・公共領域の終焉を、人間がその運命の支配者になるとする野心の終焉を刻印するものと見なす、きわめて近代的な運命論なのである。そうはいうものの、人間は、モダニティが世界に解き放ってきた諸力にとらえられているのである。人間は近代世界を規定している鉄の檻群である官僚制・テクノロジー・グローバル市場に閉じ込められている。こうした鉄の檻は、それに代る社会組織の形態と人間の繁栄の可能性を限定する一組の拘束を用意している。それらが表象しているのは希望の縮減、すなわち、政治空間の閉鎖である。それらが示しているのは世界の魔術からの解放なのだが、そこではその世界を、近代以前のある失われた黄金時代に回帰させるか、あるいは自由の新時代にもってゆくかのいずれかに変革する能力が失われてしまっている、失われてしまってとり返しがきかなくなっている、というのだ。

終焉論を説く論説の中心的な主張の一つは、二〇世紀が進歩の理念の終焉を証明したということである。その理念は長い時間をかけて徐々に死を迎えているのだが、われわれの近代意識に深くからみついているためになおも生きながらえているのである。啓蒙思想の大きな物語にたいする告発は、それがものごとは改善できるし、改善されることだろうとする希望——今では根拠がないことが明らかになっている希望——に根拠をおいている、という点である。資本主義は社会主義にとって代られないでいる。グローバルな市場は出現したが世界政府はない。科学は知識によって解放へと先導するどころか、テクノロジーが地球を支配することで破壊を推進する方向に導いている。それなのにデモクラシーは空洞化してしまったために、公共問題への参加によって自己発達と人間の繁栄を容認する空間に代って、ななめに構えた利己主義の専門エリートが登場する手段になっている。

偶然性としての運命

この見方からすると、モダニティの運命は荒涼としたものである。秩序と目的を提供した物語がすでにあてにならなくなり、放棄されねばならないとしたら、いったい意味はどこから生ずることになるのだろう。世界を理解し、そこで活動するための合理的な規準を供給できる基盤の可能性がなくなったら、われわれは信条において徹底的な相対主義に追い込まれるように思われる。妥当性の唯一の源はわれわれが現に生きている当面の環境だけなのである。だがこの空間すら、モダニティが創りだした鉄の檻によってしっかりと拘束されている。行為主体の死そして希望の死のこの全体主義的なヴィジョンは、その固有な悲惨が明らかになるにしたがって、二〇世紀全般にわたって繰り返し発生したヴィジョンであった。だがそれが予告する全体主義的な一次元的未来は、強制収容所と有刺鉄線を含む必要はなく、いかなる種類の集合的なプロジェクトないし集合的自己決定にも参与する可能性がなくなった、全面的に個人化された世界という静かな絶望にすぎないのである。

しかし、ペシミズムに陥るまえに、もう一つ別の選択肢がある。あの大きな物語《グランド・ナラティブ》が現実に終焉を迎え、さらにわれわれにはもはやその物語がわれわれの経験を組み立て決定する、そのやり方を信ずることはできないのだ、ということを少し考えてみよう。このことは拘束ではなくてむしろ解放であるかもしれない。というのは、こうしたメタ物語がそれ自体の運命論を具体化したのであり、その物語がすべて終焉したという考え方そのものが、それ自体の運命論的な前提をともなっている特殊なメタ物語だからである。だからこそ、メタ物語の終焉というメタ物語を含む、あらゆるメタ物語の終焉をまじめに考えたいのである。それらが占めていた場所には、少なくとも、新しい開放性・柔軟性・好機の可能性が到着している。

この空間をわれわれはどのように記述できるか。われわれは現にそれをやってのける言語をもっている。すなわち、それは政治の言語である。政治は偶然性の領域であり、そこでは運命を決定するのはめぐり合わせと偶然性であって、予定されたものではない。政治は運命を取り消すことはできない。なぜなら政治は自在に世界を思い描くことはできないからである。だが、政治が存在することで、違った運命観、われわれ自身の運命ばかりでなく、われわれの社会の運命についての別の見方が提供される。政治の理念はさけられない宿命として理解された運命とは基本的に対立しているのだから、政治は運命が拘束の鉄の檻になるのを防ぐことができるのだ。政治がある限り、運命は固定されない。終焉論を説く論説の多くは、あらゆるものごとは既定であり、未来はあらゆる本質の点で変更不能だとする姿勢をとることで、無力の政治を求めている。だが運命が偶然性なのだと理解されれば、運命はわれわれに迫って発見されることを待っている予定されたものごとではなく、ある程度まではわれわれが組み立てることなのである。

政治は終ったとする主張は、社会秩序を構成し一新し変革することを目ざした活動としての政治、そして実践としての政治はその意義すべてを蕩尽したとする主張である。人間の行為にたいする拘束はきびしく、ありうる秩序は一つしかない、というのである。いま主張されつつあることは、特定段階の政治、特定期の世界史、特定時代の世界経済が終焉し、新しいものがはじまっているというものだけではない。そうではなくて、世界はモダニティをこえた段階に入っているのであり、そこでは、近代期に理解されていた政治はすでに意味を失っているのだ、というのである。これこそ、本書が探査し反論を加えようとしている主張である。

政治の死は多くの異なった形をとって表れる。ここでは四つの異なった主張を検討する。すなわち、歴史の終焉、国民国家の終焉、権威の終焉、そして公共領域の終焉である。この四つの終焉には近代の終焉という命題と、われわれが、永久に二度と同じことの生じない、重大な岐路に立っているという考え方が含まれている。近代期を規定したイデオロギー的・制度的な枠組がおき去りにされつつあり、そうしてわれわれは新しい未知の領域に乗りだそうとしつつある。

本書は逆に、現在の多くの展開が新規であるにもかかわらず、われわれは依然としてモダニティの範囲内に生きていると信じている人たちを支持している。いま生じつつあるものは、モダニティの条件の超越というよりも、それに内在するさまざまな趨勢の完全な展開なのである。終焉論文献の多くは、近代的な展開そのものではなくて、むしろ特定段階の近代的展開の終焉を問題にしているにすぎない。二〇世紀末のさまざまな変革がモダニティの拒否に達しているのだ、と考える理由はほとんどない。反対に、そうした批判を言い表わしている項目そのものが、モダニティの展望と理論に発していることを、あまりにもはっきりとさらけだしている。

モダニティの中心にあるのは政治と運命の基本的な緊張関係であるが、この両者は互いにかたく結ばれている。政治が運命を克服する、あるいは運命が政治を克服することはありえない。両者のバランスそしてこの二つのことばの理解のされ方がきわめて重大なのである。社会思想がもしも「運命論的」になったら、(終焉論に関する論説の多くがその傾向にあるように)、人間の力が世界を変革する余地はほとんどない、とする信条に社会思想は屈服してしまう。政治だけがあって運命は存在しないとする反対の立場が言わんとしているのは、拘束はまったく存在せず、すべてのことが思い描かれ、あらゆることが意志によってなしとげられる世界である。人間は彼らが望むものはすべて達成しうるとする主意主義者《ボランタリスト》たちは、人間が個々に選択する運命以外に運命はないのだ、と指摘する。しかし、人間の条件についてもっと冷静な意見は、人間の作用と拘束との、したがって政治と運命との免れることのできない緊張関係を認めている。

この見方が、われわれが人間の条件を理解するのに役だつ点の一つは、それが偶然性と、偶然性を決定する要因とに優先順位を与えるということである。運命はあらの方のもの、われわれの手の届かないものとしてでなく理解される。運命は個々の人間にもそれぞれの社会にも現実そのものであるが、鉄の法則だとか普遍的な因果関係のはたらきによるのではなく、個々の人間の一生そして歴史の数えきれない偶然、遺伝上の偶発事によってひきおこされる。このように理解すれば、運命は拘束もするし可能性をも与えるのである。それは制限をつけるが同時に機会も提供する。こうした機会の把握こそ、その完全な意味で理解された政治の活動なのである。

2　歴史の終焉

政治は終焉するというあらゆる主張の中で、もっともラディカルでもっとも運命論的なものは、歴史の終焉である。この考え方には本末転倒のひびきがある。歴史が終焉を迎えたら、当然のこととして、人類も終焉を迎えるにちがいないからである。歴史という理念は、人間、文明、文化についての近代的理解の中心に位置している。その理念は過去の物語を供給し、それによって現在が意味をなし、未来を準備する。もはや歴史なるものが存在しなくなったとしたら、近代的な経験の本質的な次元、つまり、アイデンティティを構築し、政治について考えをめぐらす決定的に重大な方策が失われることになる。歴史を失えば、現在にしか生きざるをえなくなるし、もはや過去と歴史的な時間の感覚もなくなってしまうことになろう。

歴史の終焉にともなう問題は、しかしながら、いくつもの内容の異なったことがらを意味しており、非常に多様な使われ方をしており、しかもそれはきわめて散漫な場合が多い、というものである。このように、その意味が異なっているために、いったい何を言っているのかを正確につきとめるには、それをいったんときほぐす必要がある。第一の意味は、それがもっとも広義のものだが、ヘンリー・フォード〔流れ作業方式の大量生産によって大衆車を市場にだしたアメリカの自動車産業の創始者〕がずっと昔に簡潔に表現――「歴史はナンセンスだ」――したものであり、今いちばんゆきわたっているポストモダンな現在の物語の根拠になっている。第二の意味は、「歴史の終焉」ということばを一九八九年に疑うことを知らない大衆に投げかけたフランシス・フクヤマにとくに結びつけられているものだが、歴史の終焉をイデオロギーの終焉、より正確には、もっとも有力なイデオロギーであるリベラリズムにとって代わるものの終焉と同義とするものである。第三の意味は、ヘーゲルがしたように歴史の終焉を扱っている。すなわち、歴史の終焉を歴史の暴露された意味、つまり、われわれの近代世界の本質とするものである。こういった歴史の終焉の意味はそれぞれ、われわれの政治理解のし方、そしてどんな種類の政治がありうるかにたいして、非常に異なった結果をもつことになる。

歴史とポストモダニティ

ポストモダニティは形こそ多様であるが、そのよって立つところは、過去のラディカルな拒絶、そして現在を理解するのに過去を利用しようとするあらゆる企てのラディカルな拒絶である。ポストモダニストはあらゆる大きな物語、すなわち、現在に意味と方向を与えようと試みる、過去のあらゆる歴史的構築を一掃したいと考えている。過去は存在し続いているが、個々の人間が追い求めたいと望んでいるどんな目的にも適した数かぎりない流儀で、過去を構築し、あるいは解体することができるのである。真正に生きるためには、過去、過去の記憶、過去のアイデンティティ、過去の制約から、ひとは自分を解放する必要がある。

ポストモダニストの主たる標的は、その名称が示しているように、モダニティそのものである。彼らが論議の対象にしたいと考えているのは、あらゆるメタ物語である。つまり、われわれの現在の経験をいかに解釈し、いかにわれわれの行為を方向づけるべきかをあらかじめ規定している理解のあらゆる枠組である。このことによってポストモダニストは、多くの人びとが認めているアイロニーなのだが、もっとも厳格な近代化論者《モダナイザー》に転じたのである。彼らがもっとも自由になりたいと望んだ対象は、現在の行為と思考を拘束している、過去のそうした構築物という意味での「歴史」である。この種の構築物の中の主たるものは、近代期における大啓蒙イデオロギーである、社会主義、リベラリズム、共産主義である。

ポストモダニストがこうしたメタ物語で反論しているのは、歴史が客観的意味をもっている、歴史は、自由《リバティ》であると階級なき社会であるとを問わず、ある明確な目標にむかって動いていると解釈することができる、そして過去を解釈する方法によって、われわれは未来に関する保証をえることができる、という前提なのである。過去についての何らかの画像のもつ客観性がひとたび否定されると、歴史は、無数の主観的な物語、本質的には妥当性に差のないもの、そして時と場所にかかわるすべてのものに分解してしまう。

ポストモダニズムそしてポストモダニティは、現実には最初からその用語がずっと存在していたにもかかわらず、モダニズムそしてモダニティのあとにくることを意味することばだから、ある意味で、きわめて誤解をまねきやすい用語である。ポストモダンな態度は次のマルクスの嘆きに含まれている。すなわち、「死者の世代すべての伝統が、生きている者の頭脳に悪夢のようにのしかかっている」と。そしてそれこそが、近代化論者の世代の風潮を形づくってきたのである。モダンであるという意味は、受けとったすべての知識に疑問を投げかけ、批判し、さらに変革・

斬新さ・刷新を歓迎することである。モダニティには、たとえばリベフリズムと社会主義といった進歩的イデオロギーに体現されている特定の種類の意識が含まれているが、同時にファシズムとある形のナショナリズムに体現されている意識も含まれている。

その盛期にあっては、リベラリズムと社会主義は近代化を推進し、フディカルであった。伝統と固定的な信条の敵であった。だがポストモダニズムからすれば、それらは今や硬直化し、将来の発展にたいする助けどころか障害になっている。大イデオロギーの主張は実現されることも、立証されることもない。あらゆるメタ物語の終焉を公表するに当って、ポストモダニストは、改革であると反動であるとを問わず、政治なるものには客観的基礎はないのだ、と主張している。どんな立場をとろうと、立場はすべて同等に主観的で恣意的なのである。歴史はいかなる指針も規準も提供しない。もっとも、ポストモダニストの中には、これにはラディカルな主観主義と相対主義の容認を必然的に伴うということを否定する者もいるのだが。つまり、イデオロギーや信条を放棄する必要を感じないままに、こういった信条を入れかえる基礎が存在するのを否定することは可能だとする。われわれは、今もってこうした信条を支持することを選択し、特定の種類の政治体制《レジューム》と社会秩序とを、それがわれわれの信奉する価値に一致するという理由で支持することができる。

ポストモダニズムのもっとも斬新な場面は、これまでモダニティとその展開を解釈する方法をわれわれに提供してきたイデオロギーすべてにたいして、それが働きかけたいと考えている断裁のラディカリズムである。これは、現在を過去からのラディカルな離脱の時期、つまり新しい展開段階であるポストモダニティと考えるのが正しいと申し立てるものである。しかし、こうしたことばで記述されたところで、われわれは依然として以下のように、昔ながらのことばにはめられていることがさらけ出されてしまう。すなわち、展開の新段階ということばには、それ以前に展開の段階がいくつかあることを意味するし、ラディカルな離脱ないし転換点とは、現在がいかに過去と関連しているかの特定の理解を含意し、ポストモダニティということで含意しているのは、かつてはモダニティとよばれていたものがある、とするものである。徹底的なポストモダニストの視角からするこうした前提はすべて疑念の対象になる。ポストモダニストの考え方が気分を高揚させると同時に、方向喪失《ディスオリエンティング》にもおちいらせていることを認める多くの人たちがいる理由は、まさにこのことなのである。つまり、ポストモダニストの考え方は、あらゆるものごとをたな上げにしてしまい、あらゆるものごとを疑問視し、あらゆるものごとを批判し、新しい始まりと斬新な思考を承認してしまうために高揚しているのであり、ニヒリズムへの強い傾向を内在しているがゆえに方向喪失におちいっているのである。近代的意識のこの局面は早くから数多く現われていたが、そこでのニヒリズムへの傾向は、歴史とアイデンティティの強力な物語によって抑制されていた。だがさまざまな形をとったポストモダニズムは、以前の物語すべてはもちろん、新しいあらゆる物語をも否認する。というのは、物語というものは、まったくの主観的構成であることをやめるならば、それは基礎によって立っているという非難にさらされやすくなるからである。こうした基礎は、客観的で普遍的に妥当な現実に関する知識だと主張することはもはやできない。基礎は、間主観的理解と同意をめぐる主張に依存することがますます多くなる。多くの指導的なポストモダニストたちはそのことにはかかわりをもとうとはしまい。彼らにとっては、それは世界に意味を密輸入し、政治にもう一度重要性を付与するもう一つの道にすぎないからだ。この立場からすると、ポストモダンな視角とは、政治はわれわれの生き方にかかわりをもたない、とるに足らず意味もないものになってしまっている、と受けとめることを意味している。

ラディカルな形のポストモダニズムは、したがって、結局は、歴史の否認に、そしてそれに伴って政治の可能性否認にゆきつく。というのは、そうしたポストモダニズムは、政治が成功するのに必要な物語の基礎になっているものをどれ一つとして認めようとはしないからである。だからといって、ポストモダニズムに動かされている多くの人たちが、現代の政治的思考と実践に強い衝撃力をもたないというわけではなかった。だが彼らが衝撃力をもってきたのは彼ら独自の物語を展開することによってであり、その物語は必然的に歴史の理解と特定の歴史解釈を包摂している。終焉論には非常に多数の形があるのだから、歴史の終焉、イデオロギーの終焉の宣明、そしてポストモダニズムに関するかぎりメタ物語の終焉ですら、それとして、歴史・イデオロギー・メタ物語の終焉を意味しないのであって、むしろそういったものすべての新しい形の発明を意味するのである。

このようにして、ポストモダニズムは、西欧民主主義諸国における新しい政治のスタイルとファッションをもった世代を生みだしている。西欧民主主義諸国は、過去を否認し、イデオロギー的で党派的な伝統から自己を解放し、反イデオロギー的で反政治的ですらあるものとして自己を表出しようとしているのである。現代化を推進している政治家は、過去から受け継いできたものを脱ぎ捨てられる政治空間を構築し、そうすることで新しくすっきりした形をとろうとしている。自分自身をつくり直すというのは、旧来のアイデンティティと桎梏から脱出する方法である。だがそうすることは、過去に関する特定の歴史的物語とのかかわりで自己を規定する、伝統的な左右の党派に較べた場合、その信条と政策の点で、彼らを根なしにしてしまうし、むしろ特質を失わしてしまうことになる。それはまた、彼らが自分自身をどのようにつくり直すかの問題を、彼らにあずけることにもなる。永久革命と永久の近代化が、ポストモダニティの時代には、必要なことなのである。

アイデンティティ

ポストモダニズムが古い政治にたいして提起している中心的な異議の一つは、主たるさまざまなイデオロギーが階級・ジェンダー・エスニシティ・民族そして個人を中心にして組み立てている、相対的に固定し変わることのないアイデンティティである。それと対照的に、ポストモダニストが強調するのは、アイデンティティがいかにして形成されるかを理解するに際しての差異・変移性・主観性そして相対主義である。したがって、アイデンティティは不確かで多角的であり、常にせめぎ合っている。リベラリズムと社会主義、ナショナリズムとエスニシティ、そしてジェンダーといったメタ物語は、社会的世界《ソーシャル・ワールド》そして政治についての説明に、客観的で変わることのない基礎を要求する。ポストモダニズムのアプローチが否認するのは、単一のアイデンティティ、たとえば階級が個人を規定する、あるいは政治がかかわるべき争点を決定できる、という考え方である。そうではなくてむしろ彼らが主張するのは、個々人のもつアイデンティティとコミットメント——人種・ジェンダー・階級・エスニシティ・近隣地域・地方性《ロカリティ》・民族・仕事・家族・年齢・性的志向を含む――が数多く重層化している状況を考慮に入れるためには、政治は多元主義的でなければならぬということである。

伝統的なアイデンティティの説明にたいするポストモダニストの批判で、彼らが重大な標的にしているのは、伝統的な社会主義イデオロギーにあって特定のアイデンティティ――階級に基礎をおいた――に付与されている重要性である。政党はもはや、それが確実でしっかりした土台を提供すると確信することで、たとえば労働運動といった特定の社会的アイデンティティに基礎をおこうとすべきではないのだ。政治の世界そして忠誠と信条の基礎を規定するような第一次的なアイデンティティなぞはすでに存在しないのである。そうではなくて、政党は連立を組んで、有権者の多角的で変動するアイデンティティを鋭敏に感受する綱領そして活動スタイルを展開しなければならないのである。階級だとか民族に対するそのアピールの点で一次元的になっている政党は、少数者を動員するのに適しているだけのことである。この新しいアイデンティティ政治の世界に、多くの政党が順応する能力を欠き、積極性をもたなかったのが、アイデンティティ政治を、伝統的な種類の大衆政党と選挙政治ではなく、社会運動と結びつけ、だからこそ伝統的な政治の形態とのへだたりを増大させた一つの理由だった。新しい政治の対応は、有権者の移りゆく気分と関心を突きとめて、党の綱領・イメージ・スタイルを形成しようと努力する焦点集団

（focus group）といった新しい手法の展開であった。焦点集団はポストモダニティの典型的な表現とみることができる。というのは、焦点集団は、党にそのアイデンティティを与えた、まさにその歴史的な忠誠と信条のパタンに対するいかなる関心からも完全に離れていて、関心対象を、党のイメージが現在どのように受けとめられているか、そしてそのイメージを、焦点集団に発現しているような、一般有権者の反応とより密接に結びつくように変えられるか、においているからである。

多くのポストモダンな政治論は差異、つまり承認（recognition）の政治を強調し、ファンダメンタリズムを攻撃している。この理由は、ポストモダニズムが土台《ファウンデーション》を否認しているために、それ自身を、たとえばナショナリズムといった土台に据えつける政治をすべて否認すべし、としていることにある。だがこれは、あまりにも安易な判断である。ポストモダンな思考に再現しているニヒリズムの要素からすると、あらゆる政治的立場は等しく妥当で等しく欺瞞的だと説明できることを意味している。したがって、リベラリズムを肯定するスタンスと、ナチズムを肯定するスタンスとは同等に正当だということになる。これは主観的な選択であり、歴史と伝統から絶縁したら、そこには錨も道しるべもまったくない。そのことがポストモダニティの政治的プロジェクトに、脆弱で主観的な性格を与えているのである。他を捨ててある方向を選択するのが恣意的になるのだ。政治的なコミットメントと信条のこの曖昧さが、ポストモダンな視角から明確なものがまったくでてこない理由なのだ。ポストモダニズムと、リベラル・デモクラシーそして法の支配を支持することとは完全に両立可能である。だが、人間を過去の絆から、そして歴史的なアイデンティティと帰属の形態から解放するために、ずっと破壊的でニヒリスチックな政治形態への道を開くということも同程度にありうるのである。

歴史主義《ヒストリシズム》

もう一つ別の形の歴史の終焉論は、ヘーゲル本来の意味をよみがえらせようとしている。この場合には、モダニティを乗りこえようとする意図はなく、特定の解釈を喧伝しようとする。フランシス・フクヤマが彼の論文のタイトルとして、ヘーゲルの「歴史の終焉」ということばを選んだ理由は、共産主義の力が衰え、リベラリズムの勝利が到来しつつあることに注目させたいと彼が望んだことである。彼のつかんだタイミングはこの上なく絶妙であるはずであった。彼が論文を発表したのは、まさにベルリンの壁が開放され、ヨーロッパにおける共産主義崩壊の最終段階が始まった当時であった。

フクヤマはその論文で多大の悪評を、そして多大の不信感を招いた。批判者の中には、彼が、今後は、社会と民族が生きてゆくなかで、もはや重大な出来事、つまり歴史の名に威厳を与える出来事は起こらないだろうと主張しているのだ、と決めてかかった者もいた。彼がほんとうにしていたのは、ある論議のスタイル――リベラル・ヒストリシズム――をよみがえらせることであった。すなわち、歴史は客観的意味ならびに究極的目的をもち、その目標にむかって歴史を推進してゆく過程が存在するという信条である。この種のリベラル・ヒストリシズムは、一九五〇年代にカール・ポパーによって徹底的に批判されてから長い間見捨てられてきた。ポパーのはげしい批判者の多くは、実のところ、彼の論旨が浅薄で偏向的であり、判断を誤らせるものだと非難したリベラルであった。かつてヒストリシズムは、ある種のリベラルな物語の重要な部分だった。それはその後、マルクスがヘーゲルの範疇を弁証法的な階級闘争過程を表現するように書きかえたことによって、マルクス主義と結びつくようになり、結局は共産主義にゆきついた。ずっと後になって、アレクサンドル・コジェーブ〔Alexandre Kojève, 1902-1968. ロシア出身のフランスの哲学者。一九一七年にロシアを出て、ドイツの諸大学で哲学を学ぶ。ソロヴィヨフ研究で学位取得後フランスに移住。パリの高等研究院でヘーゲル『精神現象学』について講義。バタイユ、ラカン、メルロ゠ポンティ等に影響を与えた。戦後ＥＣの高級官吏になり、アメリカと日本を訪れ、アメリカに「人間の動物化」を、日本に「ポスト歴史の社会」をみた。『ヘーゲル読解入門』国文社、一九八七年、D・オフレ、今野雅方訳『評伝アレクサンドル・コジェーブ』パピルス、二〇〇一年がある。」は自分なりにマルクスを読み変えて、この弁証法的な闘争を共産主義の勝利をもたらすものではなく、対立するイデオロギー間の闘争と解釈した。その結果は、リベラリズムの勝利になり、フランス革命の諸理念は、モダニティの条件に関する限り、改良の余地はないとしたヘーゲルの洞察の正しさを立証したのである。

ヘーゲル本来の論旨は、この二〇世紀リベラル・ヒストリシズムの言説には見失われる傾向がある。ヘーゲルは確かに、歴史は終ったと最初に論じた人物であったが、彼はそうするには非常に綿密であった。出来事は一八〇六年にイエナの戦いで発生したのだ。ヘーゲルは、ナポレオン軍がプロイセンに勝ったのは、フランス革命の理念がヨーロッパの旧体制に勝ったことだと解釈した。ヘーゲルにとって、この勝利は近代期の始まりであり、近代世界の制度的秩序を立ちあげる諸理念の至上性を確定したのだった。すなわち、個人主義、私的領域の意義、自由と平等、そして国家レベルでのすべての市民のもつ等価値の承認、つまり普遍的承認の政治である。

ヘーゲルがこれを歴史の終焉と解釈できたのは、彼が「終焉」を二重の意味、すなわち、目的と同時に終了《ターミネーション》と理解したからである。終わっているからこそ、歴史はその意味を現すのである。過去の出来事は、それがある意味、つまり、個々人にとっての意味だけでなく、合理的な省察をへて表面化されうる客観的意味をもつことが明らかにできてはじめて、歴史の名に値する。歴史がこのような意味をもちうるのは、古典世界の市民意識《シビック・コンシャスネス》と、中世世界の個々人の魂と主観的内面性にたいする神権政治的な強制という、社会秩序に関して対立する諸原理と諸概念の衝突を通じて展開される、精神の産物として歴史がようやく理解されえたからである。こうした対立する諸原理のそれぞれが一方的に全面的な展開をとげたことで、人間社会のより高度な段階での両者の究極的な和解、つまり、民主主義的な平等主義のモダニティの秩序が可能になったのである。このより高度の段階の基礎になったのは、近代社会の諸制度における人間の個人性《ヒューマン・インディビデュアリティ》と同時に人間の集合性《ヒューマン・コレクティビティ》の承認であった。つまり、個々の人間は、その人格のあらゆる側面が表現されうる三つの異なった領域――家族・市民社会・国家――を同時に構成する要素になったのであった。

種としての人間は、少なくとも十五万年間にわたってこの地球上に今ある形で存在しているが、歴史そして歴史的時間という考え方は、たとえ出来事を記録し、単純な物語を組み立てるという限られた意味であるにしても、ずっと最近のものである。書かれた歴史はたかだか三千年に限られるし、しかも特定の文化の中で立ち現れた。ヘーゲルが展開している歴史の考え方は、この歴史的時間意識、つまり、過去の出来事のパタン内に最終目標にむかう動きを認識する、ヨーロッパ社会の普通の意識の一部になっていた歴史的時間意識を受け取っているのである。だがこの動きは、ヘーゲルにとっては、社会の諸力に体現されるものではなく、過去を再考し、その基礎をなしているパタンを理解しようとする、人間の精神内部で発生する一つの過程なのである。ヘーゲルの意識では、過去を歴史にするのは、過去に意味と目的を与える、この精神の活動である。過去が関連性のないばらばらな出来事の記録にすぎないとしたら、それは歴史ではありえない。歴史になるためには、たとえそれがまったく説明ができないものであろうとも、あらゆる出来事が、最終段階への進歩にどのように貢献するかを明らかにする枠組内で解釈されねばならないのだ。その段階に到達すれば、その意味が発現しているのだから、歴史は必然的に終焉する。歴史は意味をもつということ、そしてこの意味とは、自由・平等・連帯へとむかう人間社会の進歩であるというこの考え方は、ヨーロッパ啓蒙思想と結びついたキイ理念の一つであり、そのようなものとして、モダニティの中心的な物語の一つになったのである。

フクヤマがコジェーブに従って、終焉をむかえたと宣明するのは、この特殊な意味での歴史である。無頓着な観察者にとっては、イエナの戦い以後、いやコジェーブがはじめて一九三〇年代に彼の構想を形成した以後ですら、かなり大量の歴史があったように思えたであろう。だがこれは、歴史のもっとありふれた日常的な用法で使っているのであり、ある集団ないしある民族の生活においてある意義を与えられる出来事を指しているのである。ヘーゲルの歴史の終焉という理解は、こういった考慮の影響を受けていない。彼が歴史ということで意味しているのは、対立する諸原理間の抗争から生じる作用を通じて、人間の意識と能力が発達することだからである。もしもあらゆる基本的な諸原理がフランス革命によって表現された大統合命題《グランド・シンシシス》に今日では調和しているとしたら、これ以上の発展段階の基礎は存在しなくなったのであり、したがってヘーゲルの意味での歴史の基礎は存在しないのである。

しかしながら、歴史の終焉は対立に終焉を要求しない。ヘーゲルにとって歴史が終焉するのは、彼が未来に関して思惟することを選択しなかったからである。哲学は過去にすでにあったことを解釈することができるだけである。ヘーゲルの影響を受けた歴史主義者は、弁証法のプロセスを続ける、新しい対立的な発展の諸原理が登場することによってさらなる発展段階が可能になると主張してきた。だが、こうした対立はより高度の発展段階の達成の見通しと新原理の出現を約束して「歴史」を続けるのかどうか、またそのために、こうした諸原理そのものは、それを実現するのに必要とされた努力と時間がどのようなものであれ、乗り越えられるものではなく、歴史の終焉に際して確立され終えた諸原理には改良の余地がないのかどうか、については意見の一致がない。こういった対立が、近代世界の運命が蕩尽される段階を構成する。この観点からすると、とくに社会主義と資本主義との巨大な闘争を含む、過去二〇〇年のイデオロギー闘争は、近代世界の諸原理が新しいそれに代わるための闘争ではなく、その諸原理がどうすれば最善に実行できるかをめぐる闘争と解釈することができる。リベラルな歴史主義者《ヒストリシスト》にとっては、近代世界を秩序化する諸原理は確定ずみであって、この意味するところは、その諸原理を改良しようとする試みはより以前の歴史的発展段階に立ち戻るか、もう一つ別の原理のセットを確立しようとするかのいずれかであり、どちらにしても完全な失敗か破滅に終わるということにある。これが過去二〇〇年のもつ意味なのである。歴史は二度終焉を迎えている。一八〇六年に一度、一九八九年にもう一度である。すなわち、こうした諸原理にたいする選択肢を提出しようとする過去二〇〇年の試みの中の最重要なものがつぶれた時である。

ヘーゲルとモダニティについてのこのリベラルな歴史主義者の読み方が論議の対象にならなかった、などということはなかった。保守派はフランス革命のリベラルで世俗的な諸原理を否認し、秩序・権威・伝統についての彼ら独自の物語を提示したのに反して、社会主義者はフランス革命がフォーマルな政治的諸権利を提起したにしても、不平等な財産権を保護したために、社会的諸権利を提起するのに完全に失敗したと主張した。ヘーゲル本来のヴィジョンは、マルクス主義がヘーゲルの弁証法を横領して、歴史の終焉（マルクスが好んだ呼称によれば前史の終焉）は、階級を基礎とする社会の廃絶後にはじめて到達すると説いたために、長らく忘れ去られてしまった。リベラリズムでなくて共産主義が、解放された社会秩序を支える諸原理を提供し、その原動力は階級闘争であった。歴史を動かす法則と社会主義の必然性とをあからさまにしたとするマルクス－レーニン主義の主張を突きつけられて、多くのリベラルは、歴史の客観的意味を明らかにすると称する歴史哲学なるものを否認する反歴史主義者になった。

イデオロギーの終焉

リベラル・ヒストリシズムは、しかしながら、今や勝利の凱旋を果たしている。共産主義は二〇世紀において試みられ、壮大な失敗を証明した。最初の働く者の国家、すなわち、次第に枯渇し信頼を失う資本主義に代わる革新的選択肢として当初は歓呼して迎えられたものが、退歩した抑圧的な牢獄に転じ、世界でもっとも保守的で活力のない体制の一つになった。近代社会にたいする異なった一つの組織化原理としての社会主義の挑戦が先細りになり、よみがえり、自信をとり戻した西欧の資本主義民主主義諸国が議論の余地のない勝利者として残った。「歴史の終焉」

が蘇生しこの出来事を賛美した。しかし、これはヘーゲルが理解した歴史の終焉ではなく、イデオロギーの終焉、より正確には、ずっと以前に宣告された社会主義の死だったのだ。

ダニエル・ベルなどによって、一九五〇年代に、イデオロギーの終焉と社会主義の死に関する主張がはじめて登場した際、そうした主張は一種のリベラルな共通感覚として確定されるにいたった。北米および西欧諸国での社会主義進行のみち潮は終ったと断定された。共産主義の恐怖は依然として強烈ではあったものの、国内の社会主義革命の恐怖にとって代わる、外なる強国としてのソ連の恐怖になった。ソ連と共産主義陣営は隔絶した一つの世界になったが、イデオロギー的な脅威は減少していった。ソ連はなお西欧資本主義にたいして、深い亀裂が入って次第にその意義は低下したものの実践的な選択肢を提供し続け、軍事的・産業的な機構を支えて、二つの陣営を分断する緊迫した安全保障問題をもたらしたのだった。共産主義にたいする幻滅は、西欧における社会主義の死と、左派と右派との間に結ばれた国内合意の理由の一つとみられた。右派は福祉国家と、これに伴う国家の範囲《スコープ》と規模《スケール》の拡充を承認し、左派は国家権力にたいする制限の重要性だけでなく、経済の基礎としての資本主義的な財産権を受け入れた。主流のあらゆる政党の綱領はこの新しい現実を認めて変わった。この新しい管理された混合経済にあっては、社会的・経済的な生活を管理する別の社会的・経済的な制度的配置を構想し対置するようなイデオロギーの役割はすでになくなっていた。

結果的にソ連の崩壊はとくに驚くべき事件ではなかった。一九五〇年代には、短期間ではあったが、経済システムとして西欧資本主義にたいする重大な競争相手のようにみえたのだが、それは主として宇宙計画といった国家威信をかけた計画だとか、高成長率を維持するその指令経済の能力によるものであった。だが一九七〇年代になると、深刻な経済の問題、そして西欧との競争能力の重大な欠損が明らかになった。このシステムが一八八五年から一九九一年までのわずか六年間に解体したそのスピードはすさまじかった。多くの観察者はそれがなお数十年間は続くものと予想し、その崩壊がそれほど切迫していたと予測した者はほとんどいなかった。今ではその事態を推進したとみなすことのできる各種の要因がある。たとえば、ゴルバチョフのはじめた諸改革、アメリカとの軍備競争の激化、そして一九八〇年代末の東欧衛星諸国での大変動があった。政権の倒壊が続き、ついにソ連そのものの崩壊に立ちいたる情景を呈した出来事のドラマがきわめて強烈であったために、社会主義の死という考え方がよみがえった。

西欧民主主義諸国における資本主義にたいする生き生きとした選択肢としての、共産主義システムの形をとった社会主義はすでに生命を失ったが、そのずっと前から死んでいたのだ。しかし、同じように、社会主義と共産主義の運命は、二〇世紀が進行する過程に解けがたくからみつくにいたっていたのである。ソ連における共産主義の崩壊は、ある特定の国家とその帝国の倒壊をはるかに越えることがらであった。その崩壊は、資本主義に対する実行可能な選択肢を提供するという目的は達成できなかったにせよ、二〇世紀における国際的な国家システムのもっとも重要な形成者の一つとなった、社会的・政治的経験の終焉を示したのである。国際政治の不変の恒久的特徴と思われていたものが、ほとんど一夜にして一掃された。このドラマチックな出来事によって、終焉論は敬すべきもの以上の役割を果たした。ヨーロッパにおける共産主義体制と東西間のイデオロギー的な分裂の消滅が、世界政治の重要な局面の終焉を明らかにしたことに反論を加えられる者はいなかった。歴史的な大転換点が生まれたのであった。

しかし、これが歴史の終焉を表象するというのは、いったいどういった意味でそうだったのか。ある特定の国家――ソ連――が終焉を迎え、それに伴ってある特定の体制とその国家教義であるマルクス－レーニン主義が終焉を迎えた。しかしながら、マルクス主義版の歴史終焉論が受け入れられ、ソ連が真の社会主義国家とみなされた限りでは、その崩壊が歴史の終焉と申し立てることに説得力はあるだろう。ヘーゲル本来の立場からすると、二〇世紀における資本主義と社会主義との巨大な闘争は歴史のどんな一部でもなく、近代期の指導原理として既成されていた諸原理の作動にすぎなかったのである。歴史の終焉はずっと以前に生じたのであって、近代期のイデオロギー的な苦悩は、たとえそれがどんなに深刻であったにしても、近代期を基礎づけている基本的な諸原理を問題にすることはなかった。フクヤマが歴史の終焉ということで言わんとしているのは、したがって、現実には歴史の終焉ではまったくなくて、社会主義の終焉、つまり、近代期におけるイデオロギー論争の特定段階の終焉なのである。このことは、彼がリベラルな資本主義の勝利を宣言している、彼のもともとの論文からきわめてはっきりしている。

モダニティと歴史

「歴史の終焉」という表現は、その後、ひとり歩きをするようになり、現代の政治的・イデオロギー的な光景についての多数の単純な主張を表す便法として多くのジャーナリストに使われるようになった。共産主義の終焉に続いて、混合経済と福祉国家をめぐる社会主義者と保守派とのそれ以前からのイデオロギー対立の収束があった。その意味は、イエナの戦い以後二〇〇年にわたる遠回りが終わるということである。リベラリズムにたいして試みられてきたさまざまな選択肢は失敗してきた。経済的・政治的リベラリズムが勝利をおさめ、資本主義にたいする実行可能な選択肢はすでに存在せず、人類のイデオロギー的進化の最終点に到達し、民主的政府と自由市場資本主義が今や普遍性をもったというのが、歴史の終焉そしてイデオロギーの終焉の意味するところである。それらは可能性の範囲に入っている。自由民主主義国家の基本原理を改良する、あるいは資本主義世界経済を脱出するという期待はもうまったく存在しないのだから、左派と右派という昔からの区別は余計ものである。あらゆる形の自立経済《オーターキイ》は消失しつつあるし、さまざまなモデルの資本主義はありうるにしても、グローバル市場の機構的な形態と圧力をこうむらずに存続できる経済はもうありえない。

歴史の終焉からほんの一歩を進めれば政治の終焉にいたる。政治は未来における限られた範囲内で運営されねばならない（過去においてはそうしてきた場合が多い）だけでなく、そうした範囲が激動する見込みもないし、それに挑戦しても得るところはない。一九七〇年代および一九八〇年代初期に多くの西欧諸国で発生したずっと先鋭なイデオロギー対立は、この観点からすれば一つの逸脱、つまり、古い政治の最後のけいれんである。一九八〇年代末以降のほとんどすべての主要な政策争点にたいして、非常に多数の左右政党が非常に類似した立場にむけて収斂したことは、きたるべき事態の形状とみなされる。政治は退屈でつまらなくなり、市民にはまったく現実的な関心の対象にはならないものときめられている。市民は賛否を表明し投票したり、政党に加わったり、政治的な見聞を得ようとする機会をますますへらすことで、政治にたいする彼らの侮蔑を明らかにしているのだ。

しかし、こういった主張すべての基本的欠陥は、歴史の終焉とイデオロギーの終焉との合成にある。歴史的に特定できる資本主義イデオロギーと社会主義イデオロギーとの抗争が、二〇世紀の主たる特徴の一つであった。だがこの時代が「資本主義」の勝利で終わったという事実は、社会主義の死を意味するものではなく、ある歴史的に特定できる社会主義の形態、つまり国家社会主義の死にすぎないのである。同様に、二〇世紀における自由放任資本主義の消滅にしても、リベラリズムの死を合図するものではなかった。社会主義にしてもリベラリズムにしても、再生し再編することのできるきわめて複合的なイデオロギーなのである。この過程がすでに枯渇していることを示す徴候は今のところみられない。

社会主義とリベラリズムが競合するイデオロギーである場合が多かったが、だからといってこの両者間の強いきずなに目をつぶってはならない。社会主義がリベラリズムの諸原理にとって代わるのではなく、むしろその諸原理を実現しようとしているという意味で、社会主義はリベラリズムの副産物ないし発展と考えられてきた場合も多い。二〇世紀における資本主義と社会主義とのイデオロギー抗争の中心になった、市場か計画化かをめぐる長い論争が問題にしたのは、目的ではなくて手段だったのである。だが、多くのリベラルたちは計画化を主張したのだ。それはちょうど今日の多数の社会主義者が市場を主張しているのと同様であった。リベラルと社会主義者とに共通しているのは、自由と平等という基本的価値および普遍主義の信奉である。さまざまな形態の社会主義とリベラリズムが信頼を失うにいたり、だからこそ再編され、あるいは環境の変化に適応するにいたっている。新しい形態のものがたえず浮上しつつあり、浮上し続けることであろう。啓蒙思想の底に流れている抱負はなくなってはいないのである。

ヘーゲルの「歴史」という用語の構成は独特であり限定的であろうし、今日では彼の特殊な歴史哲学を信奉する者はまずあるまい。しかしそれはモダニティの本質――歴史の終焉の産物である、近代世界の組成・制度・原理――に関心を照準しているのだ。歴史の終焉がなぜ一九八九年に追い立てられねばならなかったのかの理由を、フクヤマはまったく提示していない。そうするためには、過去二〇〇年間に展開され、今や二〇世紀末の新秩序に含み込まれている、ある新しい大原理が存在したことを、フクヤマは明らかにしなければならなくなる。だが彼はそうしたものを明らかにできない。彼が指摘できるすべては、リベラリズムと社会主義とのイデオロギー対立であり、それはリベラリズムの完全勝利と社会主義の崩壊で終っていると彼は主張したいのである。抗争する原理間の当初の対立は、両原理の建設的な要素がそこに保存される、より高次の総合に到達することで解決される、そうした弁証法的な過程としてこれを提起していない。

フクヤマと彼よりまえにダニエル・ベルが記述し論評しているのは、一般的には西欧文明の、特殊にはモダニティの、基本的な原理と価値を実現する最善の道をめぐるイデオロギー対立のサイクルでの特定の段階なのである。これはヘーゲルの意味での歴史を構成しない。歴史の終焉はイデオロギーの終焉を指す符号《コード》として用いられており、イデオロギーの終焉は社会主義の終焉の符号なのである。彼らが分析したいとしている争点が、ある特定の形のイデオロギーの魅力の衰え、有意性の低落であるとしたら、それはそれで一つの問題である。だが、そのこととイデオロギーの終焉とを混同してはならないし、ましてや歴史の終焉と混同してはならないのである。

イデオロギー論争はモダニティが活力を発揮してきた側面であり、それが弱まっているとしたら、モダニティそれ自体に対する疑問符になる。イデオロギーはいくつものサイクルを通過してきた。だから、全ヨーロッパで現在生じている社会主義イデオロギーと社会主義政党の変容を解釈する一つの方法は、このサイクルの新しい一局面の部分とみることである。だからといって、ソ連崩壊が表象する近代史の巨大な転換点、あるいはそれが政治にたいして、そしてイデオロギー論争にたいしてもつ意義を否定するものではない。論議の方向は現に移動してきているが、そうした方向はあらゆる政党そしてあらゆるイデオロギーにとって移動しているのであり、信条の危機は一般的であって、社会主義者に限られるものではないのである。保守派にしても彼ら自身のイデオロギー的な過渡的状態に追い込まれている。つまり、グローバルな市場と自由主義化への熱中を一方とし、国民国家と国民文化的な伝統へのこだわりを他方とする両極に引きさかれているのである。イデオロギー論争にあっても多くの変化が生じている。経済における国家の役割への態度を評定する、左派－右派あるいは社会主義－リベラリズムのイデオロギー的な軸線からすると、リベラルな理念が優位にあるが、この軸線は、ナショナリズム・エスニシティ・アイデンティティを中心としてつくられた軸線と較べたら、その重要性はおちている。しかしながら、イデオロギーの終焉はまだどこにも見えてきていない。

3 国民国家の終焉

政治に関する運命論の主要な現代の実例の一つは、グローバル化に関する論説に見出されるはずである。その申立ては次のように進められる。国民国家の時代は終った。国民国家は時代遅れのものになっていて、もはや抑えることのできない力に直面しつつある。国家は撤退している。権力は国家から流出しつつあり、出来事に形を与える能力を急速に失いつつある、と。こういった主張は、一九七〇年代初頭以降いきおいを強くしてきたグローバル化に関する言説にあってはごく当りまえになっている。グローバル化の主張者は、とりわけヨーロッパにおける共産主義の崩壊と世界経済の再統合以降、その主張の点で次第に大胆になってきている。グローバルな市場、グローバルなコミュニケーション、そしてグローバルな文化のもつ力に抵抗できるものは何もない。国民文化・国民経済・国民国家をめぐる城壁は、新しいグローバルな秩序という破城槌のまえに崩壊しつつある。政治、民主主義、正当性、主権、計画化についての古い概念は猛攻撃を受けて揺れ動いている。グローバル化されることが今やわれわれの運命であるかのようである。

二一世紀初頭の世界が、表面的には、これまで以上に国民国家を中心にしてその基礎をおいているように見えるにしても、このグローバル化という呪文ははるかに強い確実性を伴って唱えられているのである。この五〇年間に大陸帝国および植民帝国が解体し、ついに旧ソ連の分裂に達したのだが、それは結局、多くの新しい国民国家の成立とそれ以上の国家再建をもたらした。どんなに小さくても、自分たちの国家をもとうという抱負をもたない民族はないように思われる。この国際システムの基礎になっているのは国民国家のもつ重要性の承認であり、国際連合に加盟している国民国家の内政不干渉が基本原理として尊重されている。それこそが、たとえば一九九九年のコソボ問題に際してさえも、内政不干渉を破ろうとした国連支持がきわめてむずかしいことが明らかになった理由なのである。それぞれが国旗とスポーツ・チームを、国歌と国営航空を、国民文化と国家資本主義を擁する国民およびその国家のこのなじみ深い世界こそ、グローバル化の諸力によって空洞化されつつあると伝えられているものなのである。

グローバル市場

グローバル化の言説が信じようとしないのは、国際政治で重要なのが国家関係だということである。この単純な考え方の発生は、三十年戦争を終結させ、国際国家システムの中で正当な国家と認められた国家はそれぞれその領土内で至高の権威をもつ、とするドクトリンを明確に宣言した、一六四八年のウェストファリア条約にさかのぼるとされることが多い。一方では、限定された公的空間《パブリック・スペース》内での一元的な公的権力に、あらゆる地域的で特定のそして私的な権威源を統合し、他方では、普遍的な形態の宗教的・政治的権威——たとえば教会と神聖ローマ帝国——の主張を否認することで、近代的な国家理念が表明された。この展開過程で言い立てられたほどウェストファリア条約が重要なのかどうかは、この変化が生みだした事実ほどには重要ではない。十七世紀の中期には、国際国家システムがヨーロッパに立ちあがり、世界の他の部分に次第に拡大していた。

この国家システムの構成部分として認められた国家の多くは国民国家ではなく、英連合王国やオーストリア-ハンガリー帝国のような、多くの異なった民族と文化を組み入れている多民族国家であった。広大な植民帝国を手に入れている国家も多かった。国民国家であるとされたものだけが真実の正当性をもち、まだ国家になっていないあらゆる民族が統合し、国際国家システム内にそれぞれの場を占める努力をすべきだとする含意をもったナショナリズム・ドクトリンが広まったのは、ずっと後になってからのことである。二〇世紀になると、民族と同一の広がりをもつようになるのが、国家にとっての顕著な趨勢であった。だが、国際国家システムの基礎原理は民族という概念ではなく、国家の理念である。世界は、それが支配する領土と人口にたいする絶対主権を主張し、それに優位する支配権をまったく認めない国家に分割されている。

こうした国際国家システムにあっては、その経済は、個々の国土と人口そして資源全般にわたって権威を主張する国家によって、多かれ少なかれ、支配されている個別の国民経済から構成される国際経済と考えられている。もの、ひと、資本のこの国際経済内でのあらゆる流れは、政治的権威と国際協定によって承認されねばならない。このシステムにあって、国家はその領土と領土内で進行していることがらを支配する能力をもつがゆえに、権力をもっているのである。しかし、グローバル市場の出現によって意思決定センターとしての国民国家はよけいなものになり、過去三五〇年間に構築された代議政治および国家能力の全機構もよけいものになったと言われている。国民国家は、経済ではなくて安全保障に照準する、さまざまな人間社会の結びつきを組織化し理解するある別の様相《モード》に属するというのである。

国際政治の組織化原理のこのような考え方がこれまで有力であったとはいえ、領土主権という理念はもはやグローバル市場を左右する手段と、その中での国家の役割を非常にうまくとらえてはいない、という基本的理由から、この考え方はきびしい挑戦にさらされている。この洞察こそグローバル化テーマの出発点なのである。これは、国家およびそれ以外のあらゆる組織を、国際国家システムからではなく、グローバル市場の立場から考察する。グローバル市場とは、基礎単位を国民国家と国民経済におかず、国境をこえて活動し、特定の国土に依存しない超国家的な企業やその他の代行者《エージェント》によって編成された生産と消費のパタンを基礎単位とする市場である。グローバルな金融市場と国際貿易のパタンが国民経済政策を形づくるのである。一九七〇年代にイギリスが、一九八〇年代にフランスが、あるいは一九九〇年代にスウェーデンがやったといわれているように、雇用に補助し、競争力のない産業を保護し、あるいは市場に支える用意がある以上に支出をすることで、市場からの圧力を無視、ないしそれに抵抗する国民政府は、財政危機におちいるリスクをおかす。政府がもしこうした政策を続けていたら、経済実績を悪化させ、通貨安をつくりだし、投資減退を生むといった罰を受けるであろう。

国民政府はグローバル市場の性質に協調する方向を選択することも、それに抵抗する方向を選択することもできる。だがもしも後者を選んだら、政府は国民を貧困化し、さらに政権の崩壊か政治的抑圧のいずれかに陥ち入る、とグローバル化命題は予告する。グローバル市場の台頭ということの意味は、政府がその自律性を失い、競争と交換の自由行動にたいするあらゆる障害を除去する破城槌として機能するグローバルな経済諸力の暗号《サイファー》になる、ということである。このような過程は避けられないばかりでなく、好都合でもあるのだ。この過程は、これまで国際国家システムおよび世界経済の主たる行為主体であった国民国家を弱体化することで、政治と政府を必要とせず調整され管理されるグローバルなコスモポリタン社会という十九世紀の夢想に接近している。この社会は、政治的・社会的・経済的・イデオロギー的な諸原理の一元的なセットを中心に結びあわされている。政治的な論争はまったくないから、選択肢も存在しない。したがって、ゆきすぎたグローバリストのグローバル化論には、歴史の終焉ヴィジョンと密接に結びついているものもある。国民国家は、時代おくれの主権概念にもたれかかることでイデオロギー的な分裂を延命しようとし、また商品と投資の最適配分に介入しようとする諸力の格納庫であるがために、長く生きすぎたのである。ここでは政治は妨害、不活性、受け身、反動であり、自発的なコスモポリタンの経済秩序のもつ生き生きとした、創造力のある、柔軟な諸力にかかる重荷とみなされるのである。

グローバル化への趨勢は想像上のものではない。いくつかの現実の重要な変化が世界経済内に発生していて、それらが国民国家を弱体化し、その主権を浸食しているのだ。だが、超グローバリスト（hyperglobalist）のより過激な主張の多くは、説得力をもっていない。国際政治に関するこの考え方の間違っているところは、グローバル市場をまるでようやくたどりついたばかりのまったく新しい組織形態であるかのように取扱っている点であり、第二に、グローバル市場が、その他の秩序原理はもちろん、政治および政治的な意思決定とまったく結びつきをもたない、手つかずの過程であるかのように取扱っている点である。

しかしながら、グローバル市場は一九九一年にはじまったのではなかった。ましてや一九七一年でもなかった。国家によって組織化された国際政治と、市場によって組織化された国際政治とを対照するのは間違っている。近代のグローバル市場の成立は、十七世紀におけるヨーロッパの国際的な国家システムの強化以前にさかのぼるのであり、それと不安定な関係を保ちながら存続してきたのである。国際政治の歴史は秩序原理を反映してはいるが、その原理は決して一つではないのである。グローバル市場のコスモポリタンな秩序とは別に、国際国家システムの領土秩序があるし、国家の世界と市場の世界とを調停するグローバル市場のためのルールの形、つまり、国境を越えた管理運営システムのヘゲモニー秩序が存在するのである。

こういったものが、国際政治や世界秩序の要件を理解するためのさまざまな原理だが、それらに関して手つかずのものなぞはない。つまり、これらの原理は、複合的な政治的選択と決着を反映し、特定の制度をつくりだし、さらに政治的手段によって支えられねばならない、政治のつくりものなのである。国際政治をこのように考えると、現代世界の政治的側面、そしてわれわれの運命を決定する偶然性と選択との複雑な相互作用に関心がむく。だがグローバル化が引き起こした趨勢がどんなに強力であろうとも、グローバル化は政治的なものの一部であり、政治によって左右され続けるのである。現在主張されていることにしても、それがもう一つ別のセットの政治的優先順位と政治的抑制を導入するというだけのことだ。だがこれも、現代世界の性質に関する政治論の一部である。それは政治の終焉の信号を送るどころの話ではないのである。

グローバル化に関する論議は次のように読みとることができる。すなわち、グローバル化の批判者は、超グローバリストの説明に具体化されているのとは違うセットの政治的選択を持続しようと努力している。彼らはもちろん、グローバル化論者の優先順位を達成することが望ましいと考えられたにしても、それは国民国家のメカニズムによってのみ果たすことができるのだ、と指摘している。それはつまり、グローバル市場が依存している管理運営メカニズムの非常に多くのものが、国民国家によって組織化され支えられているからである。グローバルな経済的諸力にしてもグローバルな市場にしても、資本主義の登場以来存続してきたのだが、それらが一貫して依存してきたのは非市場制度であり、とりわけ国家であるとないとを問わず、特定の管理運営システムに依存してきたのであった。管理運営の形態は世界経済の変動に対応して変化してゆくものだが、グローバル市場がそれ固有の管理運営の内部メカニズムを供給しうる、とする考え方は素朴にすぎる。

地域主義《リージョナリズム》

さまざまな経済的趨勢のセットとしてのグローバル化が、政策にたいしてもつ意味内容は明確ではない。たとえば、地域経済グループに参加するのは、国家がグローバル化に適応するのに手をかすのか、それとも邪魔をするのか。世界のさまざまな地方に分かれた国家は、何らかの形の地域経済グループに参加しなければならない必要に迫られてきている。それはヨーロッパで最高度に発達をとげたが、ヨーロッパ統合を深化ないし拡大することの望ましさということになると、欧州連合内部に活発な論議がある。拡大反対論者は、現行連合の長所を弱めたくないと考えるから反対する場合が多いのである。とくに、彼らは労働移民に反対する。深化反対論者は、深化ということをヨーロッパ超国家《スーパー・ステート》の創出への動きと見ている場合が多い。この種の国家はグローバル化に反する行動にでる、と彼らは主張する。なぜなら、このような超国家は、東アジアと北アメリカの世界中でもっとも急速に成長している経済にみるように、力にあふれ、積極果敢で、また急激に変化している費用と市場に敏感に反応するようになるのではなく、むしろ中央集権的で保護貿易主義になり、官僚的になるというのである。

欧州連合プロジェクトの支持者たちが信じているのは、深化と拡大の双方が望ましい目的であるということであり、さらに、下位国家的《サブ・ナショナル》なレベルの管理運営だけでなく、有力な超国家的《シュープラ・ナショナル》なレベルの管理運営を創出することでしか、高所得と高福祉を実現するヨーロッパ経済を持続するだけの非市場制度を創りだすことはできない、ということである。グローバル化がそれぞれの経済に与える衝撃ににらみをきかせる能力を各国家に与えるには、地域化が必要だ、と彼らは主張している。反欧州連合論者が無視しているのは、地域化とグローバル化との結びつきであり、そのために彼らの政策は実施の段階になると保護主義で孤立主義になってしまう。相互依存は国家レベルではもう解決できない問題を創りだしてしまうのだから、グローバル市場にあっては、国家主権の共同化《プーリング》は避けることはできないのだ。

イギリス以外での地域主義プロジェクト賛成論にしても同じようなものだ。その主張は経済的ではなく、むしろ政治的なものが多い。それは今や国民国家が提供できなくなった能力を提供し、経済的な安全保障を増強するものだ。しかしながら、ヨーロッパ以外でこの種の地域グループを育成するには、かなりの困難がある。というのは、核になる一つの国家ないし複数の国家と周辺諸国との間に不均衡が存在するからである。この事態がもっともはっきりしているのは、合衆国の位置からする南北アメリカであり、潜在的な二つの指導国家——日本と中国——が存在していることからすれば、東アジアにおいても当っている。この発展をとげた三地域以外、たとえばアフリカと南アジアでは、地域協力はほとんど存在しない。だが、この種の政治組織とフォーラムがなかったら、とりわけ南においては、それぞれの固有の要件にしたがってグローバル市場に対応する国家はきわめて限定される。

ネオリベラルなプロジェクト

グローバル化はこうしてある種の経済的な諸動向を意味するが、それだけではなく、特定の政策を支持し、それに代る選択肢を認めない、特定の規範的なイデオロギー的プロジェクトをも意味している。グローバル化は、この第二の意味で、国内政策における実質的な変革、とりわけ、公共支出・福祉・産業介入・物価・所得政策に関する変革を正当化するのに利用されてきたのである。この新しい制約、そして国民政府とグローバル市場とのバランスの変化の承認が、新しい政治的英知であり政治的正統性《ポリティカル・オーソドキシィ》になっている。

だがグローバル化論は単一ではなく、いくつもの言説がある。グローバル化とよばれているものがあるということ、ないしは少なくとも、より統合されたグローバル市場にむかういくつかの趨勢が存在するということを承認するのは、論議の終わりではなくて、はじまりなのだ。なぜなら、国家や集団がこうした変化に適応しうる道筋はきわめて多様なものがあるからである。グローバル化に全然関心を抱かない政治的論議がどんなものかを想像することは非常にむずかしい。なぜならそれはこの数世紀間避くべからざる政治的現実であったグローバル市場に関心をまったく払おうとしないということだから。現代世界のどこであっても、グローバル市場、それが内包している諸趨勢、そしてそれが領土主権および超国家的管理運営にたいしてもつ意味を安易に無視できるような政治的ドクトリンや政治的プログラムは存在しない。

グローバル化の言説を政治的にみると、それを理解し評価することはずっと容易になる。政治を越えたコスモポリタンな秩序のグローバル化という受けのよい見方に認められるヴィジョンは、ある特定の政治的ファンタジィ、つまり、保証することが不可能ではないにしてもきわめてむずかしく、黙示されているのとは違う基礎を必要とする場合の多い政治的条件であることを露呈する。こうしたコスモポリタン秩序が前提としているのは、あらゆる当事者に利益を与えるような交換を確保するのに必要なルールの創出と実施とを可能とする、利害の自然発生的な同一化である。だが、この自然発生的な同一化はいったいどのようにして発現するのか。個々の人間がお互いに交す約束が強制でき、だからこそ信頼と理にかなった確かさとが発達しうる一つの道が、最小限、存在しなければならない。諸国家の支持なくして、この種の秩序をどのようにして立ちあげ、持続してゆけるかを予測することはむずかしい。もしそうだとしたら、ネオリベラルにたいする政治的問いは、リベラルな秩序をそこなわずに、むしろそれを支える政策を諸国が採択するのを、どうすれば彼らが保証しうるか、ということになる。

この疑問は一国民国家の範囲では、まるでグローバル市場などはありはしなかったかのように、かなり狭く考えられてきた場合が多かった。だが、ひとたびグローバル市場の存在が認められると、一国でのネオリベラリズムは、一国の社会主義と同じように価値がなくなった。それは国民経済をいつまでも孤立させておくことができないためである。このことは、ネオリベラリズムとマルクス主義が普遍主義的なドクトリンであるがゆえに、この両者にはとくに当てはまる。つまり、この両者は、世界全体のつくり直しに用いることのできる、真実で普遍的な社会秩序原理へのある客観的な洞察をもっていると信じており、しかも彼らの理論的な起点は、人類の一部どころではなく、全人類なのである。こうした思考体系は、その秩序原理が国家からではなく経済から派生するものであり、またその経済概念は自己中心主義ではなく普遍的に構想されているのだから、原理的には国民国家に対立する。国民国家は本質的に自己中心主義なのである。

しかし、ネオリベラルなドクトリンにとって、この問題はもっと深刻である。ネオリベラリズムは、古典政治経済学者の伝統的な自由市場分析に徹底的に依存しており、富と経済的自由を最大化するために、経済における国家干渉を最小限におさえることを主張した。この構想にあっては、夜警国家、すなわち、法・公的秩序・安定通貨の維持と契約の執行を処理するという最低限の、しかし非常に重要な機能をもつ国家という理念が確立された。この国家は、比較的自由な経済的交換のための空間を可能にする条件をまずは創りだし、次いでその条件を強制する点で強力で果断である必要があった。だが、いったいどうすれば、政治的意志は、国家にとりわけ民主主義が到来し、普通選挙権が成立した後になって、その役割を最小限におさえるこの考え方を保証させることができるのか。第二には、自由主義国家はどうすれば、その諸原理が国際的な領域にまで拡張され、その結果として自由交換が可能な経済空間が国境によって人為的に制限されないという状態を保証できるのか。

ある伝統的な答え方からすれば、それは政治的実行機関についての疑問である、と主張されよう。リベラルは思想の戦いと組織の戦いに勝たねばならず、右であれ左であれ、保守派であれ社会主義者であれ、自由社会の敵を打倒しなければならなかった。あらゆる国家で採択される公共哲学は自由主義哲学であるということを、彼らは保証しなければならなかった。かくして全世界はリベラリズムに転向させられることになろう。ひとたび彼らがその利点を経験すれば、その国の住民がリベラリズムを見捨てることはまずあるまい。リベラリズムが究極的に勝利をおさめるとするリベラルの確信の基礎になっているのは、近代社会を支えているリベラリズムの枠組だけが、繁栄と進歩をもたらすことができるとの彼らの信条である。リベラルは、自分たちの理念が正しく、反対者たちのそれが間違っているのだから自分たちが勝つと考えたのである。

ネオリベラリズムと国家

ネオリベラルは今なおリベラリズムの諸理念の正しさを信じてはいるが、二〇世紀に発達した拡大国家《エクステンデッド・ステート》に後援されたあらゆる形の集産主義に攻撃を加えるに当って、彼らは、リベラリズムの究極的な勝利については徹底的にペシミスティクな公共選択学派からえた分析方式を受け入れた。公共選択分析は単純な経済分析を国家そのものに適用し、国家はそれを構成する個々の代《エイ》行者《ジェント》、政治家そして官僚に分解さるべし、と主張する。こうした代行者はすべて私的領域における代行者と類似の行動をするものと想定されている。すなわち、彼らは利己的であって、個別のどんな行為にもからんでくる利益を極大化し、費用を極小化するように行動するのである。彼らが自分たちがしていることを説明するのに「公益《パブリック・インタレスト》」ということばを用いたら、それは単にレトリック上の技巧にすぎず、彼らの私的利益を隠蔽するのに用いられる。

政治家と官僚による利己的な極大化行動の結果は荒廃である。公益の中立的な保護者という国家理念はどこかに吹きとばされてしまった。社会の上位に立ち、より大きな利益を求めて争う関係者の対立を調停する国家ではなく、競争的市場が規定する拘束の多くを欠いた、それぞれに固有の私的利益族が横行するのが国家である、と考えられた。その主たる結果の一つが、二〇世紀における国家の異常な拡大であった。民主主義からの内圧と安全保障からの外圧とが結びついて、政治家と官僚は、そのレトリックは何であれ、政府の規模の拡大を主張するにいたった。予算の拡大と行政権の拡充によって、政治家と官僚は絶対的な恩恵が与えられた。国家および国家プログラムの連続的拡充を支えた利益集団は、現代の拡大国家のあらゆるレベルでゆるぎないものになった。民主主義が作動するという意味は、政治家が提出する新しい支出プログラムの費用に有権者が配慮する動機をもつことはない、ということである。やり手の政治家は支出増の恩恵は（有権者の特定部分に）集中し、その費用は拡散するものと思わせる。かくして民主主義は、時の流れとともに公共支出と課税を必ず上昇させる装置を提供するものと見なされた。

このネオリベラルな視角からすると、拡大官僚制国家なるものは抜けだすのが非常にむずかしい鉄の檻になっている。したがって、ネオリベラルな政治家は、たとえ彼らが選出されるにもせよ、その国家の制度的・組織的現実を突きつけられ、かくて彼らの私的利益はそれを守り、国家の権限と予算とを拡大することになるのである。ネオリベラルな政治家はなぜそれ以外の政治家と違った存在でなければならないのか。個々の人間はすべて利己的であり、また彼らは自分のおかれた環境のなかでその利益を極大化するように行動するものだとしたら、ネオリベラルな政治家は、ネオリベラルなプログラムを実施するために、自分たちの利益に反する行動をしなければならなくなる。ネオリベラルの政治的プロジェクトは、公益にはこの拡大国家を解体することが欠かせないということを理解する、聖者と利他主義者の一団を必要とするものと思われる。だが、ネオリベラルな世界説明に反して、たとえこの種の人びとが見出されるものとしても、彼らは一日たりとも利他主義者でも聖者でもありえない。彼らは拡大国家を維持し、能動的国家に回帰しようとするあらゆる企図をはねつけねばならないのである。

このことが個別国家内部の問題だとしたら、ネオリベラルな諸原理をグローバル市場の管理方式に組み込むことが何を意味するかを考えるとき、ネオリベラルなプロジェクトにとって問題はずっとむずかしくなる。もう一度問いたい。多くのさまざまな国の政治家と官僚とを先導して、リベラルな国際秩序を支える諸条件がみたされるのを保証するような枠組を確立し、さらにそれを維持するのに同意させるような、いったいどんな動機がありうるかを想像できるか。くり返すが、ネオリベラルは、調整に必要とされる原理とルールは自然に浮上してくるものであって、政治が介入する必要はない、と信じなければならないか、それとも政策エリートのもつ先見の英知に信をおかねばならないか、のどちらかなのだ。この種の政策エリートは、民主主義体制よりも権威主義体制の中に思い浮かべる方がずっと容易である。というのは前者にあっては、政策エリートは、政党間の選挙競争のせり合いの中から生まれる支出増の圧力に直面しているからである。拡大国家を目に見えるように縮減するためには、ネオリベラルな政党は、国家規制の緩和を選挙戦で人気のあるものにする方法を発見しなければならなくなるだろう。減税はこの方法の一つだが、たてまえと本音が非常に違っている場合が多いし、これまでネオリベラルな政権が国家を押し戻すのに実際に成功した例は少なかった。拡大国家の存続は二〇世紀の大いなる事実の一つであり、二一世紀への遺産の一つなのである。

ネオリベラルはしたがって、非政治的な、時には反政治的ですらある世界という理想を抱いているが、その世界には政治を通じてしか到達しえないし、政治がどのように作用するのかについての彼らの分析から呼びだされるのは、彼らの理想の達成にたいする巨大な障害物である。数多くの個別の管理領域をもったグローバル市場の存在は、この問題をさらに悪化させるだけのことである。ネオリベラルはこの逆説をさまざまな方法で取扱っている。もっとも納得のいかないのは、政治が、自己規制能力をもつ市場の自然発生的な秩序の力によって振り捨てることがまだ可能な、悪性の強制力のセットに属していると信ずることであり、この市場とは自己制御の能力をもち、外側からの政治的支持を必要としないと信ずることである。より現実主義的なのは、ネオリベラルなプロジェクトが成功するためには、それがグローバル市場の超国家的な代行機関《エイジェンシィ》に属する政治エリートだけでなく、主要国の政治エリートにも承認される必要を認めることだ。このことが、グローバル化に関する言説の一つの重要な筋道が、どうして国家主権への強いこだわりと、グローバル市場への完全開放の主張とを結びつけるのか、を明らかにする。ネオリベラルな原理にしたがって運営される国民経済だけが、グローバル化が生みだす好機の恩恵を完全に受けることができるというのである。国家主権の重要性とは、グローバル市場に障壁を設け、国民経済をグローバル市場から遮断しようとするのではなく、国民経済がグローバル市場とできるだけしっかりと統合され、その統合にたいするあらゆる国内の抵抗が克服される、そういった事態を保証するように努めるところにある。

この例に関して興味深いのは、多種多様な秩序原理をグローバル化の言説に結びつけることができる、ということをそれが明らかにしている点である。領土主権にたいする強いこだわりは、超グローバリストのグローバル市場についての説明の是認を排除するものではない。現に、ネオリベラル・プロジェクトに関するかぎり、グローバル市場は領土主権を進んで必要としていると主張できるのである。なぜなら、主たる別の選択肢はアナルコ‐資本主義の方向を指示し、またやみくもにユートピア的であるからである。国民国家がネオリベラリズムにとりこまれるかぎりにおいて、国家レベルとグローバルなレベルの双方に、ネオリベラルなプロジェクトが埋め込まれると予想される。同じように、ネオリベラルは、グローバル市場の形以外の超国家的な管理運営形態を信じているとは考えられないとはいえ、グローバルな市場の主要な実行機関にネオリベラルを送り込み、そうしてネオリベラリズムの諸原理に一致する指導原理をグローバル市場にむけて形成することから生ずるネオリベラル・プロジェクトにとっての利点は、とくにそれにとってかわって、こうした実行機関の多くが介入主義リベラルの手に落ちたらどうなるかを考えれば、わかりやすいものになる。

本書の論旨にとってのキイポイントは、政治を非難し政治なき世界を夢想するにしても、ネオリベラリズムは政治的なもののさまざまな次元について、そしてその事項を確実に政治的な現実にするためには何がなされねばならないかについて、非常に強く意識した強烈に政治的な教義である、というものである。どうすればこれがそうでないものになりうるかを理解することはむずかしい。国民国家は衰弱するどころではなく、ネオリベラリズムは現に従来以上の重要性をそれに与えねばならないのであり、ネオリベラリズムはグローバル化の名によってそうしているのである。国民経済をグローバル市場に完全に統合する必要がある。つまり、グローバル市場は、障害物を排除し、国内機構を国際機構に提携させることによって、その統合を推進するような国家をもつ必要性を非常に重要としているのである。この特殊な銘柄《ブランド》のネオリベラリズムの特徴は、それがグローバル市場の性質に関する極端な運命論と、国民国家に関する極端な自由意志《ボランタリズム》とを結びつけていることである。国民国家は今でも正当性・アイデンティティ・意味・目的の源泉ではあるが、その目的は国民生活のあらゆる側面をグローバル化が命ずるものに従属させることだと、それが承認する限りでしかないのだ。国民国家の諸権能は、国民経済をグローバル市場に統合するのを推進するため以外の方向で用いられるならば、有害である。

普遍主義に抗して

一九七〇年代および八〇年代に、グローバル化はネオリベラリズム、そしてその固有の政策規定であるマネタリズム・規制緩和・民営化・柔軟な労働市場と強く結びつくにいたった。この政策パッケージはいくつかの基軸国家――アメリカ、イギリスを含む――に採用されただけでなく、多くの国際機関、とくに国際通貨基金、世界銀行、OECDなどによっても採用され、それを全世界にむけて輸出しようとする決然とした努力が払われた。このために、グローバル化とネオリベラリズムとは同じ意味にとられる場合があった。数多くの国でケインズ主義政策が放棄されたことは、国家自律という点での敗退と見なされ、市場が新たに優位に立つ徴候と見なされた。ネオリベラリズム絶対とする信条が、ソ連の解体を伴った一九九一年以降、新たな絶頂に達した。共産主義と国家社会主義が信任されなくなったばかりでなく、ほとんどの形の社会民主主義を含む、あらゆる形態の国家の経済介入もそうなのだ、とネオリベラリズムを信奉する多くの者は長いこと指摘してきた。彼らは隷従への道に横たわる非常に多くの段階を説いている。必要なのは、現代社会における経済活動を調整する唯一に実行可能な方法として、市場秩序の普遍的真理をふたたび主張することであった。

このネオリベラリズムの見かけをまとったグローバル化は、強力な批判にさらされている。その論法の一つは、ネオリベラリズムが普遍主義的なドクトリンであるとする主張を非難し、その費用と社会の破壊、そしてその結果として生まれる諸制度を念頭におかずに、その主張者たちが全世界に押しつけたいと願っている、空想的なシステムだと酷評している。この批評の主たる標的は、全人類に妥当する普遍的な一つの摂理があり、その真理はネオリベラリズムによって獲得されると指摘する啓蒙主義的なドクトリンである。真剣な相手としてのマルクス主義が消滅したことで、特定の形をとったリベラリズムは今や、普遍的な価値、合理的思考の優位性、そして美徳・理性・幸福をつなぎ合わす能力に強調点をおく、啓蒙思想のゆるぎない最後の代表者なのである。

だが、ネオリベラリズムの多くの批判者にとって、その普遍主義はまやかしである。グローバル化は普遍的文化や普遍的文明を生みだしてはいない。グローバル化と提携した人たちの間の結びつきが拡大したからといって、国家システムだとか、まったく個別な文明・文化を超越することがなんら予想されるわけではない。世界のこの頑強な多元主義が、一つの普遍主義的なドクトリンを世界に押しつけ、あらゆる社会を単一のパタン、つまり帝国主義的なものに適応するように変えようとすることに挑戦するのである。そうした挑戦は国家権力、つまり覇権国家――アメリカ合衆国――とその同盟国の権力を用いることでのみ可能になる。しかしこうした挑戦によって、グローバル化とネオリベラリズムが何のためのものかが明らかになる、とこの多元主義は主張する。すなわち、それは自発的な非政治的発展どころではなく、グローバル市場での支配的な権力集団の利益に仕えるドクトリンであり言説なのである。国家と文化をそれぞれ独自にするものについての乱暴な無関心と政治の終焉に関するその運命論によって、ネオリベラリズムは、それが抵抗に出会うときに、その理念を強制する権力に変節するのだ。

価値と制度の単一のセットによって統一されることが、世界にとって望ましくもなければ、実現可能でもないという意味で、現代世界が根元的に多元主義的だとしたら、この社会はどこにグローバル化を捨て去るのか。グローバル市場は結局のところ一つの現実であり、それを管理する何らかの手段が発見されねばならない。ネオリベラリズムはそれを管理する方法を提案しているが、それはあらゆる国家が、グローバル市場における競争という必要条件に順応すべく内部配置を変え、そしてあらゆる形の介入を放棄することを必要とする。このシステムの運営機構はグローバル市場そのもの、つまり、経済的な成果を決定する個人間の無数の相互作用に内在する。一国レベルと国際レベル双方での国家の唯一の任務は、こうした相互作用が最小限の混乱ないし干渉で続けられるような枠組を確保することである。この枠組は、世界がどう作動し、どう作動すべきかに関するネオリベラリズムの諸前提でみたされた国際機関に委ねられる。そのゆきつく先は、政治の範囲をこえたコスモポリタンな秩序である。

普遍主義に反対する人たちはもう一つ別の選択肢をもっている。コスモポリタン秩序という思想に反対して、この人たちは領土秩序の重要性を強調する。ただし、この領土秩序は将来、国民国家原理に基礎をおく度合は小さくなり、伝統的な国際国家システムへの適応に基礎をおく度合が大きくなるにちがいない。これは閉ざされた地域主義の世界ではないにしても、少なくとも非常にはっきりしたブロックの世界になるはずである。このブロックはすべて独自の文明に基礎をもち、あらゆる文明はそれぞれ基軸国家をもつ。その国家はその文明に属する他国の問題に介入する権利をもつ。かくして、それぞれ個別の勢力圏というドクトリンがよみがえる。国際機関や他文明の基軸国家は、他文明の構成国の問題に介入する権利はまったくもたない。世界秩序は、遵守されている領土主権の原理に、そして主導的な文明の基軸国家間で合意され、普遍的価値の名における覇権国家によってすべての国家に強制されることはない一般的ルール――たとえば、ブロック間の経済交換ルール――に依存するのである。

グローバル化のネオリベラリズム版と同じく、これは世界秩序のまぎれもない政治的なヴィジヨンである。ネオリベラルはグローバル化をわれわれの運命とみなし、グローバル化の下位にお かれる限りで国家の独自性を賛美するのに反して、反普遍論者にとっては、現代世界における運命の源は文化とアイデンティティにあるのである。あらゆる個人そしてあらゆる社会を形づくり、普遍主義的な夢想を不可能にする独自性を確立しているのは、実はこういったものなのである。それらがあらゆる管理運営システムの基礎でなければならない。グローバル市場は、堅固な地域的基礎の上に構築されてはじめて、重大な摩擦なしに機能することができる。世界は当然のことながらブロックの世界であるし、ヘゲモニーの技量は、摩擦と戦争のおそれを最小限におさえるようにそうした世界が管理されるのを保証することである。

普遍主義にしても反普遍主義にしても、その弱点はそのもつ運命論である。それらは、グローバルな文化であると文明であるとを問わず、しかるべき構成体に、実行機関ならびに政治の将来性を圧倒するほどの重大性を付与している。実行者がやれることは、結局、こうした拘束におびやかされた行為なのである。彼らの進路はほとんどあらかじめきめられている。だがそれでも政治的な選択はあるし、選択肢は存在する。それらについては最終章でもっと深く探ってみる。

4 権威の終焉

現代の政治的言説にはびこっている運命論のもう一つの例は、権威が徐々に衰退し、崩壊に瀕している、というかなり耳にする主張である。この運命論のとる形は二つある。第一のものは、権威への敬意が崩れてしまったために、現在はそんなに昔のことではない黄金時代に較べるとずっと悪くなっていると決めてかかる、保守派の運命論である。二番目は、近代社会におけるあらゆる形の合理的権威を支える基礎が破壊されてしまったと信じている、ポストモダニストで若々しいラディカルたちの運命論である。

歴史の終焉および国民国家の終焉の場合と同様に、権威の終焉にしても、権威という考え方は政治には不可欠なのだから、政治的なものの概念を脅かすことになる。権威を所有するとは、特定の様式で行為する権利をもつことにほかならない。権威の源はたくさんあるし、権威への要求はすべて論争の対象になる。したがって、社会のもっとも重要な面の一つは、どのように権威が構成されているか、異種の権威がどれくらい存在するか、それらの間の関係はどのように決定されるかである。われわれが行為と命令が権威づけられていると表現するとき、その意味は、その行為と命令が正当と認められている、ということである。正当性の認知が大きければ、その命令は自発的に遵守される傾向がそれだけ強くなり、たとえ強制手段があったにしても、それは必要とされない。だが、ある命令に権威があると認められなければ、(服従することが分別のあるものであるにしても)、それに服従する道義的責務はない。命令に服従する者が命令を忌避することも、命令をひっくり返すこともありうるのである。

権威はまたもっと広い意味でも重要である。それは政府の命令と指令に関連しているだけでなく、指令と勧告の受け入れ、そして信頼の授与を重要とする、あらゆる状況にもかかわりをもっている。権威は不確実性を削減し、安心感を供給する。権威源になりうるものは多い。慣習・継承された習慣・法的ルール・宗教・科学・個人的カリスマ・イデオロギー的ドクトリンがそれである。もしもあらゆる権威源が信頼を失ったら、政治的なものの形状と政治的秩序の性質を識別することは、まことに困難になるにちがいない。

しからば、権威の終焉を論ずるのは何を言わんとするためだろうか。人間は自分が好まぬ権威には抵抗する。また、権威へのどちらの主張が正当とされるか、あるいは優先性を獲得すべきかを決定するのに、あらゆる社会や文化にあって、たとえば、教会と国家、キリスト教とイスラム教、国王と議会、資本と労働、あるいは宗教と科学との間に常に熾烈な戦いがあった。こうした戦いの結果として、政治の形態が決定され、それぞれの国家《ポリティ》での社会的・政治的制度が決定されたのである。だが、こうした戦いの多くが完全に終ったわけではなく、そこでの主張は今もなおわれわれの政治に反響し続けている。権威は崩壊しつつあるとする主張には、社会秩序が崩壊しつつあるという不安を伴っている場合が多いが、それが言わんとしているのは、あらゆる形態の権威ではなくて、ある特定の種類の権威が消滅ないし拒絶に瀕しているということである。近代期の歴史の大部分が問題にしてきたのは、確立された形の権威への挑戦であり、それに代えて別の権威源を求めようとする企てであった。これは、権威そのものを廃棄することと同じではない。

一つの結末は、われわれの社会では権威の終焉について多様な物語があるというものだが、著者によって権威形態に加える力点も異なっている。社会の保守派は、伝統的な慣習と行動様式に根ざした権威の崩壊、そして猛烈な勢いで進行しつつある放埓《パーミッシブ》で反社会的な行動の風潮を公然と非難するし、一方、革新派は、とって代えたいとする制度の多くがもつ権威にたいして信頼の大部分を失っている。どちらの物語も運命論的になりやすいのだが、保守派の運命論は、社会の急速に消滅しつつある制度と伝統に刻みこまれているのに反して、革新派のそれは、たとえば近代科学といった、その権威への要求はもはや受け入れられなくなってはいても、その権力がすでに全面的に浸透している、強力な組織的システムの存在から引きだされている。マックス・ウェーバーにとっては、宗教と血縁といった伝統的な権威形態と、科学と官僚制といった合理的‐合法的な権威形態との葛藤は、それぞれの意味を明らかにする特徴の一つだが、三番目の形態――カリスマ的権威――は間欠的であっても、往々にして前二者を脅かすものになる。現在新奇に見えるのは、伝統的権威と合理的‐合法的権威の双方が実質的に脆弱化しているのにたいして、カリスマ的権威が行使される機会が増大していることである。

伝統と社会

保守派の物語はいつも、人間の社会における伝統の重要性を彼らが信じているために、権威に大きく重きをおいている。伝統的社会とは、前世代から受けつぎ、その由来はもちろん根拠すらも分からない慣習によって、現在の行為が厳しく制限されている社会である。伝統的社会において慣習への固執が非常に重要なのは、慣習がアイデンティティを確立し確認する手段だからである。慣習を変えれば社会とそれを構成する個人のアイデンティティが変わるのだから、そこに非常にはげしい抵抗が行われることになるのだ。たとえば明治維新前の日本だとかオスマン帝国のようなきわめて伝統的な社会には、新しい進路を確立するために大規模な政治的決裂を必要とする場合もあった。つまり、衣服の形式を追放することに象徴されたように、それには旧来の慣習を力ずくで押さえ込むことを必要としたのだった。オスマン帝国は変化を非常にきらったために、刷新（innovation）を指すトルコ語 *bida* は、できるかぎり回避するべき出来事という意味になった。流行という概念、十八世紀中期までにヨーロッパで強固に確立されるにいたった服装と作法における意図的で軽薄な変化という概念は、まったくよそごとだった。

あらゆる伝統的社会はオスマン帝国と共通した特徴をもっており、それは保守派にはただちに理解され是認される特徴である。このようなアイデンティティの考え方は非常にはっきりした運命観念、すなわち、人間は彼らが受けついだ伝統によって厳しく拘束されているという観念を具体化している。人間の課題は、その文化と伝統が提供する役割を生き抜くことであって、それに疑義を呈し、新しく発起し、あるいは新しく採用することではない。もっとも厳格な伝統的社会であっても、刷新・改革・独創性が全部禁じられるわけではないが、その限度は、伝統によって定められた最有力な慣習によってきわめて堅固に設定されている。伝統はまた逸脱行動を規定し、その処罰を規定している。

あらゆる社会はかつて伝統的社会であったし、あらゆる社会は、ある意味で、伝統的社会であり続けているのだ。伝統をまったくもたない社会なぞ、ほとんど想像もできないのだから、それを社会として認めることがいったいできるだろうか。あらゆる社会がもっている、習慣的な身の処し方である慣習と手順の継承によって、個人が生長するのに不可欠な枠組が用意される。吸収するべき伝統がなかったら、どんな種類であるにしても社会的アイデンティティを確立することは、個人には不可能になることだろう。個々人のアイデンティティを確立するためには、まず第一に、その社会を特徴づけている多様な役割と目的についての共有された理解のセットがなければならない。保守派は一般に継承されてきた伝統と制度を保存し、変化に抵抗し、あるいは少くとも変化を緩和したいと望んでいるのだが、その根拠は、既知の経験ずみのことの方がいつでも、未知の未経験のものよりも望ましいということだけでなく、おそらくもっと重要な理由は、ひとたび連続性が中断されたら、アイデンティティを確立することはずっとむずかしくなり、あらゆる種類の病理と社会的混乱が国家をおかすことになるという点である。

近代期にあって、保守派にとっての難題の一つは、合理的 - 合法的権威、とくに近代科学に具体化された権威の高まりがあらゆる伝統的な制度を脅かし、個人と社会の双方にとって果てしないアイデンティティ危機を創りだすことである。この角度から見たら、近代化とは、現行の身の処し方に絶えず大変革をもたらし、それをひっくり返す過程なのだ。それは人間の問題に混乱と不安とを注入する。あらゆることは絶えず再検討され、評価され、改善されねばならない。もしも保守派であるということが何ごとかを意味するのであれば、それは近代化への抵抗を意味するのでなければならない。しかし、近代世界に属する組織ないし社会では、たとえばローマ・カトリック教会といった伝統に最大の力点をおいたものであっても、保守派はそれを持続する点では非常に厄介な立場に立つのである。

保守派はいまあらゆる社会において、一連の陣地防衛戦を採用しなければならなくなっていることを知っている。すなわち、次のとりでに逃げ込むまえに、彼らは進んでくる軍隊をしばらくの間くい止めようとしているのだ。だがそれは前進の戦略ではなく、延期と退却の戦略であり、イスラム原理主義者たちが現にしようとしてきたように、保守派にとっては、近代社会から全面的に撤退し、彼らの社会を汚染から守るために封鎖しようとする以外に、どんな道があるだろうか。保守派はいつでも「現代における避難所」を探しているのだが、譲歩を不必要とするように行動することで近代化の速度を減速させる戦略的な譲歩政策が、それをもっともよく催保するのかどうかについては、意見の一致をみない。二番目のコースは抑圧を必要とするものだが、そのコースを選択した保守派エリートは、往々にして、ソ連の事例のように、譲歩政策への転換が遅れて、大変動に圧倒される危険にさらされる。しかし、譲歩戦略にとっての問題は、それが結局は何かを保存することになるのか、あるいは保守派が愛着しているあらゆる伝統と権威の形態をゆっくりと破壊するのを見て見ぬふりをするのにすぎないか、なのである。

近代期における保守派の立場の一般的な弱さから帰結するものは、保守派が論旨を主張するに当って、特徴的な手法を採用していることである。この一つは失われた無垢と美徳の黄金時代という理念である。こうした時代は必ず、アイデンティティが確保され、伝統は強固であり、国民国家が主権をもち、政府が正当性をにない、市民が公的生活に参加し、家にカギはかけず、男たちは不安のない長期にわたる仕事につき、一般庶民は伝統的なコミュニティに安住していた、そういった過去のある時点に設定される。共有された理解のこのネットワークは、あらゆる人間が自分たちの居場所と、自分たちに期待されていることとを知っている、というものであった。黄金時代という想念は、きわめて広くゆきわたり、徹底的に保守的で、ほとんど架空のものである。こうした想念は反動的ユートピアである。それは大勢を誇張し、過去をゆがめることで、変化についての明晰な思考を妨害する。

この種の黄金時代が失われたとするのは、保守派の言説の絶えることのない主題である。黄金時代に較べれば、現在は常に無秩序、カオス、社会的崩壊の光景を映しだす。保守派は黄金時代という仕掛けを利用して、権威の特定の形態がどのようにして浸食されてきたか、そしてこれをなしとげてきた過程と主体を確認しようとする。したがって、事態をこれ以上悪化させてはならないとするのであれば、今すぐ戦わねばならぬ当面の敵のリストが提出される。保守派がお気に入りの自己規定の一つは時計をおくらせたいということであり、そのお気に入りの不満の一つは、保守党および保守政権が、実際には、数秒たりとも時計をおくらせられないでいる、というものである。だが保守派は現実に、時計をおくらせることができると信じているのか。つまり、彼らの想像の黄金時代はともかくも回復できると信じているのか。

保守派のかかえる難題の一つは、明確な黄金時代は存在しないし、存在しえないのだから、選択される黄金時代は往々にして、現在にごく近いものになる傾向がある、ということである。黄金時代は時にはヨーロッパ中世にまで戻って設定されたが、この種の例は神秘性がますにしても、それがもつ現在への実際上の有意性は明確に減退する。しかしながら、最近の黄金時代が本質的に欠陥があるとされているのは、そうした黄金時代が検討されると、きまってその時代のメッキが急速にはがれてしまうからである。そういう黄金時代はいつでもそれぞれの保守派をかかえていたのであり、彼らは彼らの後継者が現在にたいしてしているのと同じ不満の多くをこの「黄金時代」にたいしても表明していたのである。この事態は驚くには当らない。近代化は連続過程だから、それが進展するどの時点でも、それを非難し、権威の衰退とアイデンティティおよび意味の喪失を指摘する保守派を常に見出すことができるのである。

非伝統的社会

近代期にはしたがっていくつもの黄金時代がちりばめられており、それが喪われたことを嘆いている保守派がそこに散在している。現在もその点では違ったところはない。しかし、保守派でない人たちはもちろん多くの保守派にしても、保守派は今や質的に新しい状況——人類史上はじめて非伝統的社会の台頭を伴う伝統の崩壊——に直面している、と考えている。非伝統的社会とは伝統のない社会と同じではない。というのは、そんな社会はありえようはずがないからである。無反省に過去から受け継いだ慣習・行動様式・社会規範・社会制度などがいつでも存在するにちがいないのだ。あらゆる細部にわたってたえず自己改造をしてきた社会があるとすれば、事実、現在のわれわれの経験とはまったく違っていることだろう。

したがって興味ある問題は、伝統をまったく必要としない社会が生ずるかではなくて、社会にあって伝統の演ずる役割が次第に縮減して、変革と近代化の諸力が優勢になり、ついにはアイデンティティ、役割、期待を形づくるほどになるのか、なのである。こうした事態が到来しつつあると信ずる根拠は複雑である。というのは、モダニティの顕著な特徴の一つが、それらが組織化されてきた過程で、まったく非伝統的になった社会の諸分野が、そもそものはじめから存在してきたことを指摘するのは容易だからである。市場経済のある側面はこの点できわだっているし、市場関係が他の社会関係から分離する度合が増大し、合理的な手法を利潤追求に最大限度まで適用するのを推進することは、社会のあらゆる分野の中でこの分野をもっとも活力のあるもの、もっとも破壊的なもの、もっともモダンなもの、もっとも刷新的なもの、もっとも自由なものにしたのだった。だがそのことはまた、政治と文化を含む他の分野について、特定の事例と特定の時点において当てはまってもいるのである。

新しい主張とは次のようなものである。すなわち、個別のセクターと結びついたモダニティのこうした特徴は全社会に一般化され、旧世代には想像もできない方法で各個人を解放するのだが、同時に個人を危険なまでに漂流状態に放置し、従来よりもずっと危険と不安におちいり易くする。この非伝統的社会の主たる特徴はその価値多元主義である。その社会が価値をまったくもたないというのではない。そうではなくて、その社会には価値があふれていて、どれを選択するか、あるいはどれを優先するかを確定する簡単な手段がないのである。そこにはもう、いかに生くべきかについての権威のある説明はない。従来の権威のある説明はいまだに存在しているが、その妥当性がどんどん失われていくと見ている人の数はふえてゆく。この状況が個人を漂流させていると保守派は見るのである。つきつめれば心の奥深いところでの道義上の約束を選択している者は今でも多いが、保守派にしてみれば、厄介なのは、個々人が自動的にある道義的な生活様式にそって社会化されるのではなくて、個人がそれぞれ道義的生活様式を選択しなければならないことなのである。もしも道義的原理主義と社会的伝統とが多くの中の一つの選択としてあるのであれば、多数の人たちがそれに同意すべき理由はないし、どちらにしても、保守派の伝統と権威についての理解は、市民の大多数は社会を保守派がそうあるべしと信じているものに従わせるために、これを選択すべきであろう、という意味なのである。

真の保守派は、ある種の選択が個人のアイデンティティおよび権威を侵食する、と信じている。彼らが必要としているのは多数の領域を政治的論議の立入禁止地区にすること、したがって近代化・合理化・社会操作の立入禁止地区にすることである。保守派は聖なるものを信じなければならない。つまり、ナショナル・アイデンティティの礎石であるがゆえにきわめて重要であって、妥協を許さないいくつかのことがらがそこに存在するのである。非伝統的社会は、それとは対照的に、選択を賛美し、現に選択をある全包括的な原理にまで高めている。その社会は個々人の能力を高めること、すなわち、個々人を自立させ、自分自身の運命の管理者にすることによって、伝統を最小限におさえようとするのである。その社会は伝統に抗しており、その分、伝統的社会がその成員の多数に指示を与える種類の運命に抗している。非伝統的社会は個々人を自由化し、彼らが望むがままの生活をみずから選択するのに力をかし、彼らが生活をおくるのに必要な技能を身につけるのを望んでいる。

その結果の一つは、近代化原理が今や社会そして国家のあらゆる領域、――おそらくもっとも重要な――文化を含むあらゆる領域に侵入している、ということである。高位文化《ハイ・カルチュアー》と民衆文化《ポピュラー・カルチュアー》との境界の消失、大衆文化《マス・カルチュアー》批判者としての大学理念の無力化、要するに、文化におけるあらゆる伝統的な権威の形態の否認が、現代社会の特徴のいくつか、とりわけ、価値相対主義と文化の些末化、つまり、保守派が最大の脅威だと知っている、即時的満足および自己満足にたいする強調を生みだすのにあずかって力があった。こういった動向は文化におけるポストモダニズムとよばれているものの中心をなしているのだが、その他の領域においても、ポストモダニティはモダニティに代わる原理ではなく、モダニティの強化された形を表現しているのだ、と指摘する者が多い。とりわけ文化の領域では、ポストモダニティは、モダンの真髄をなす諸過程の勝利を表徴しているのである。

権威の伝統的な形態を弱め破壊するのにあずかった諸力の多くが「保守的な」諸力であったのは、現代政治のアイロニーである。これは保守主義の現在の精神分裂症からはじまっている。つまり、ネオリベラリズムの言説――そして時にはまことに奇妙なことに、自由意志論《リバータリアニズム》の言葉――を、国家機構と国民文化の不可侵性にたいするごく当りまえの保守的な強調に結びつけようとする分裂症に発端しているのである。保守派がこの数十年間にようやく気づいた問題点は、選択の自由に関するネオリベラルな、ましてや自由意志論的な主張を経済領域に限定するのは不可能だ、ということである。先進資本主義経済において消費とレジャーの重要性がましたことで、経済的選択に関するこの種の主張はすべて、ただちに文化的選択に関する主張になる。こうした環境にあっては、あらゆる制度およびセクター――メディア・教育・保健・防衛・警察・監獄、こうしてあげてゆけばふえる一方である――を、市場競争力に従属させようとする圧力がはげしくなる。店舗は何曜日の何時に開店すべきか、アルコールとドラッグ、ポルノの入手しやすさ、学校と保健の民営化、堕胎の随意性、こういったことが争点になっているが、それは、非伝統的社会にあっては、各個人が自分で決定することが必要で、当局の介入を要しない、と主張されているものである。

市場を容認するに当って、保守派が受け入れているのは、非伝統的社会の最重要な部分、つまり、市場以外の部分を動かしている操縦メカニズムであり、そうして多くの国では、右よりの政党が、そうした制度、とくに、近代化の潮流に抵抗してきた公的領域に属する制度の防衛力を取り除くのを助ける主要な役割を演じている。この理由は、ネオリベラルな言説には権威ならびに権威へのアピールに深い疑念があるということである。というのは、権威と権威へのアピールは、市場秩序における個人の自由選択に加えられる、国家の介入と制約のためのコードとみなされるからである。「権威」は「市場」と対立する。権威の含意は、計画・家父長制・個々人に自分のものではない選択を押しつけることである。したがって、権威を弱体化することは、個人を自由化する一つの方法になる。二〇世紀の拡大国家《エクステンデッド・ステート》にたいするネオリベラルの反対は、結局のところ、市場の近代化過程を国家機構そのものにまで拡大する提案にゆきつく。この結果については次章で探ってみることにする。

保守派の問題はどうすれば魔神《ジーニィ》を、つまり、保守派とその協力者が解放するのに大いに力をつくした魔神を、ふたたびびんにとじ込められるか、なのである。過去二、三〇年間の有害な趨勢——犯罪の増加からエイズにいたる——は、主として、一九六〇年代の権威に抗する文化叛乱にさかのぼることができるという考え方は、市場を現代社会の最高の管理運営および組織化の方式として顕彰した、ずっと大きな役割には注目していない。市場の平衡力として、また伝統の効果的な貯蔵庫として長いあいだ機能してきた諸制度の秩序は、いくつかの諸国で分解してしまい、今ではその分解過程は他の諸国にも及びつつある。その結果は言うまでもなく開放度と透明度の増大であり、効率の増大であり、競争がふえるのは確実である。と同時に、多くの形態の伝統的権威が弱体化し、信頼を失うことも否定できない。情況に明確な形を与え、ヒエラルヒーを確定し、国民文化の境界を決定する強力な公的諸制度が欠落している中で、その方法は、企業と消費者との自由な相互作用によって決定さるべく開かれている。保守派は深い後悔にとらえられているが、この均一化過程は、市場の必然的な帰結なのである。

数多くの伝統的な形態の権威が腐食すれば、結果的には、道義的な混乱におちいる、と保守派は考えている。その一つの対応は道義的原理主義の成長であった。道義的相対主義と不安定が成長している社会にあっては、多くの個人に、原理主義運動に逃げ込もうとする強い誘因が働く。多くの保守派は、とくにアメリカでは、こうした運動を後援し、あるいはみずからそれと手を結んでいるが、アメリカだけでなく、他の多くの国々、とくにイスラム世界の多くの諸国でもそうである。原理主義者は一般に拠り所をその聖なる宗教原典の特殊な読み方に求め、寛容と文化的多元主義の風潮を押し戻す新しい権威主義的な道徳秩序を強制しようとし、国民の生活にたいして一元的なアイデンティティと目的を再建している。彼らは道義的な合意が崩壊していることを認め、必要ならば実力をもってそうした合意を強制しなおそうとするのである。

世界から自分たちを切り離そうとしているいくつかのイスラム国家では、この種の新しい道徳秩序が確立されているし、それは当面のところ存続するかもしれない。多くの東アジア諸国も強力な道義的権威主義を急速な経済発展と結びつけようとしているが、そこでの願望は、経済成長を支えるのに必要な近代化を、文化と政治の近代化から切り離すことにある。そこには、伝統的社会を資本主義経済に結びつけようとする意図が依然として継続しているのである。だが、資本主義の中心地、とりわけアメリカでは、そうした意図は見捨てられたようだ。伝統的社会はあまりにも早く衰退してしまったので、そう簡単には復活しそうにはない。この状況にあっては、道義的原理主義は、少数者の間での強烈な支持を動員しようとするが、多数者の合意をつくりあげる見通しはほとんどない。したがって、中心的な価値と見なしているものにたいする少数者の支持が非常に強いと、社会における道義的合意の分裂と、提示されている道義的立場のどれもが伝統的な意味で真に権威があるとする意識の弱体化の一因となる。

安全保障

非伝統的社会の登場と伝統的権威の退却は結局のところ、モダニティの勝利と社会全体にわたる合理的‐合法的権威の推戴、宗教の追放、そして科学の高揚になるものと思われる。しかし、伝統の弱体化は他の権威形態の承認が増大するのを意味するものではない。そうではなくて、それは、啓蒙思想そのものから発現したものを含む、あらゆる形態の権威を一般的に弱体化することの一部なのである。この意味での権威の終焉はより普遍的な現象になるのである。

あらゆる形態の権威が弱体化する理由の一つは、グローバル市場内でのさまざまな関係の増大だけでなく、新しいテクノロジー、仕事を組織化する新しい方法、そして新しい形の文化の衝撃力を通じてもたらされる、近代社会の増大する複雑さにある。こういった諸過程を管理するために設定され、その促進と拡大に責任をもつ、たとえば企業や政府機関という合理的‐合法的制度が、この二〇〇年間に、これまでに存在したあらゆる人間社会とはいちじるしく異なった世界を創りだした。その世界は伝統を、行動の指針として、また安全保障とアイデンティティを安定させるものとして、ほとんど価値のないものにしているだけでなく、合理的‐合法的なものが正当性をもつという主張の基礎を崩してもいる。というのは、そうして創造された世界が、解放を提供するどころか、新しい形の隷属を提供しているからである。近代的生活の鉄の檻は、この世界の住民の少数派にたいして、これまでに想像もできなかった生活水準を与えるが、それと同時に競争・不安・危険度《リスク》をも増大してきたのである。

われわれの社会における危険度の増大にたいして行われる主張には誇張されるものもあるし、かつて過去のどこかで今よりも危険度がずっと低かった時期における神話的な黄金時代の仮定に、これまたふたたび依存している場合が多い。この理由はある程度、二〇世紀福祉国家の特定の考え方にある。つまり、失業・疫病・老齢・身体障害から生ずる不安をおおはばに削減したと同時に、だれもそれ以下に落ちない最低所得を規定することで、貧困の影響を削減する福祉国家という考え方である。しかしながら、過去二〇年間に、古い形の不安の回帰と新しい不安の台頭、そして個人とその家族が結果的に直面する危険度の増大に心を奪われる状況があった。

保守派は、不安が高まり危険度が増大している現在を、危険がまったく存在しない、あるいはあったにしても非常に限定された危険しかない、想像上の過去と対照させることが多い。たとえば、犯罪とかドラッグあるいは新しい病気についてのよくある議論の多くは、こういったことがらが深刻な問題でなかった黄金時代がかつて存在したのだ、とほのめかす傾向がある。同じように、一九五〇年代と六〇年代は、経済的な成果、とくに失業とインフレの点で、黄金時代として取扱われる場合が多い。もっと長期的な展望に立てば、この時期は決定的に異常な時期、つまり、格別に賢明で有効な政策の産物ではなく、特殊な環境のそれと思われる。本当のところは、危険と不安の性質が変化している、とくにそれについての認識が変わったということである。伝統が弱体化し新しい情報源が手に入り、新しい形のコミュニケーションによって世界中の出来事が即時に届くようになった結果がすべて結びついて、現代社会はある種の危険についてはは以前よりもはるかに敏感になっているのである。

危険と不安が増大するということは、現代社会の合理的‐合法的な制度が組織化される上で欠陥があり、そうした制度は適切な改革によってこうしたあらゆる問題にたいする解決策を提出できるということを意味するだけかもしれない。それはちょうど、十九世紀資本主義の問題に解決策が見つけられたという主張と同様である。必要なのはよりよい政策、より有効な実施、結果についてのよりすぐれた監視と評価、政府・企業・民衆間のよりよいコミュニケーションであるという。だが、問題はもっとずっと深刻な事態を迎える。すなわち、現代社会を動かしている官僚機構の全活動にたいして充満している不快感、指導者層にたいする信頼の欠如、権威の根底をむしばんでいる管理へのシニシズムがあるのである。それらが処理しつつある問題そのものの複雑さが解決策を上回っているのであって、だからこそ、心地よいメッセージを提供する近代的なメディアにたより、また何らかの組織的な実行機関が発表という形で提供するものの、その内容のなさから関心をそらしたいという誘惑が増大するのである。政治とのかかわりでこれがもつ一つのはっきりした効果は、人物《パーソナリティ》の重要性がますことである。というのは、それ以外の権威源が弱体化する世界にあっては、魅力のある人物が重要性をますからである。国家と企業の政策を正当化する主たる手段として、カリスマ、ないしは最小限その近代的な商業版を利用することがますます顕著になっている。

多くのさまざまな観察者によって確認されている問題は、伝統的な形態の権威が弱体化したことで意味が枯渇し、個人がほとんど忠誠心を抱かず、またほとんど満足感をひきだすことのない、技術的な合法的合理性の鉄の檻に次第に押し込まれている世界にあって、個人はいったいどうすれば安全とアイデンティティを見つけられるかである。こうした動向が本当だとしたら、ますます休むことなく流動的で、競争し、幸福でない人間が成立する結果になるだろう。

科学

事態がこのようになるとは考えられなかった。科学はとりわけ、最初から、モダニティの大いなる希望であった。科学的合理性は錯誤と迷信を次第に追放してゆき、どんなものであれ対決すべき問題にたいして、もっともよく役に立つ解決策を発見する試行錯誤を推進する学習社会《ラーニング・ソサエティ》に社会がなってゆく、そうした制度と手順とを確立するものであった。公共善を評価する計算法を提供する精緻な方法が開発されたが、その間、科学以外のものは何らかの中央集中的な決定によらないことが望ましいとされ、市場秩序内での選択と相互作用の自由な流れにそれを委ねたのであった。しかし、手段に関するこうした意見の不一致にもかかわらず、科学的合理性によって人間社会は進歩し、より豊かに、より自由に、より幸福に、よりよい教育を受け、より健康になりうる、という広範囲の合意が存在した。

二〇〇年まえに較べれば、少なくとも西欧の豊かな社会の市民にとっては、こういった指標のたとえ全部ではないにしても大部分で、かなりの改善があったという事実に異議をとなえることはむずかしい。しかし、未来に関して、また人間社会の対処能力に関して広くゆきわたった不安があることも否定できないのであり、この不安の大部分が科学それ自体の制度化から派生しているのである。科学は特殊な形の知識であるばかりでなく、社会的な事業《ソシアル・エンタープライズ》でもあるのだ。科学の諸原理は実験室で研究チームが用いる方法に埋め込まれているだけでなく、近代的な経済と近代的な国家の組織形態にも埋め込まれているのである。科学は両者と深く一体化しており、したがって、科学をこの過程の外部におき、それを一個の全体として見ることはできない。

この問題を手短に述べることができる。それは手に負えない世界《ランナウェイ・ワールド》という考え方である。つまり、病気の征服、生活水準の向上、機会の提供をもたらした過程そのものが、今や、この地球の生態に及ぼした産業化過程の効果のために失われるおそれのある世界である。こうした懸念のいくつかをはじめて表明したのは一九六〇年代末のローマ・クラブであったが、そこで指摘されたのは、資源利用の高まりゆくレベルが人口増加と結びついたときは、資源利用は本質的に持続不可能だとするものであった。こういった問題関心には、特定の再生不能な資源は容易に使い切られる、という見方として広まったものもあった。この見方が否認されたのは、それが資源という概念を、それを開発しうる経済的環境から分離したからである。批判者たちが主張したのは、資源の保有量は厳密な物理的意味で有限ではない、とするものであった。その主張の拠り所は、採掘費用と販売価格との関係である。

有限の資源の減少は、原理的には、相対的な価格の変更と使用パタンの調整によって解決が可能である。だが、もっとずっと手ごわいのは、エコロジストが強調してきた第二の問題群である。この問題は、現行の産業化過程からゆきつく、地球生態における不可逆的な変化に関係している。その中でも重要なのは地球温暖化と生物多様性《バイオダイバーシティ》を脅かすものである。これはやはり持続可能性の争点であるが、その焦点は産業システムの廃棄物処理という難題と、その多くが環境に及ぼすより広範囲の影響に移っている。

この地球の生態にたいして不可逆的な損傷を与えない方法で、産業の廃棄物を処理することが緊急の政治問題であるが、その問題は、必要と思われるある種の根本的な解決策にたいして十分な支援をつくりだせれば、原理的に解決が可能である。だが、この解決策は、現行の産業社会内部で見つけだされねばならない。たとえそれが望ましいと思う者がいるにしても、モダニティを推進する大エンジンに後転をかけ、人間社会を、もう一度自然環境に調和する、今よりもずっと単純な形の組織に戻すことができることはたしかだ、と考える者はいない。このような方向にそれを動かすには、あらゆる社会を通じて、また各社会の内部においても、意見の一致がなければなるまい。そうした可能性はどちらにしてもまずあるまい。その意味するところは、生態上の危険を将来世代のために防ぐべきであれば、その解決策は科学およびテクノロジーから撤退するのではなく、それを強化することで見つけられねばならない、とするものである。近代科学がこの問題を創りだしたのだから、近代科学は率先してそれを解決しなければならないのだ。

原理的には、これは可能なことである。もっとも、多くのテクノロジーの今日までの歴史は、その有害な副作用が認識されるには時間がかかることを明らかにしているけれども。近代社会の軌道に伴う問題は、近代社会は走ることができなくなるまで走り続けねばならず、さらにそのペースは加速しっぱなしだ、ということである。もう一つの問題点は、科学的研究と近代的企業との密接なつながりにある。二〇世紀にあっては、科学は生産過程に組み込まれ、生産の主力になった。研究所の増殖と研究の商業化は新しいテクノロジー開発の巨大なエンジンを創りだしただけでなく、新製品の商業的成功に力点をおいた。このことによって、超国家的な大生物工学企業のいくつかの研究管理部門が開発した遺伝子組み換え食物の例が過剰なほどはっきりさせたように、規制を必要とする大問題を引き起こしている。遺伝子組み換えの食品問題にしても、科学にたいして今存在する問題を明らかにしている。現在流通している遺伝子組み換えの食品の安全性について、非常に強力な科学的保証があるにもかかわらず、多くの国の民衆は安心はしていない。科学の権威はすでに、こういう事例においては十分ではないのである。もっと強力な保証が要求されているのだが、通用するものはない。というのは、科学は蓋然性にかかわるだけで、利用できる証拠によって暫定的な判断を下すことができるだけであり、遺伝子組み換えの食品論争に含まれる争点は、このような方法では絶対に解決できないからである。

未来にむかってもっとずっと深刻な問題が存在している。それらの問題は、現行社会の価値体系の中心を一撃するものだから、解決は容易ではない。科学的知識の加速する歩みが巨大なジレンマを創りだすことになろう。新しい医療テクノロジー、とりわけ、クローニング〔単一個体または細胞から無性生殖によって遺伝的に同一な個体群あるいは細胞群を生成する技術〕といった遺伝子工学に関する医療テクノロジーのもつ潜在力は、運命に関するあらゆる伝統的な理念にたいして深刻な含意をもつのである。この医療テクノロジーはもしかすると人間に関するキイ理念の一つ——各個人の遺伝子継承は人間が手をだせないものとする理念、つまり、人間がもって生まれるものは、一面では、めぐり合わせであり、変更することができず、またわれわれがすごす人生の基本的な条件を提供する、と見なされるという理念——に打撃を与えるのではないか。もしも新しい遺伝学の意味するところが、われわれがもって生まれる遺伝子継承を選択したり変更したりする介入、個々人の一生の中に、その遺伝的特徴、その能力と行動を根源的に変更する事態を引き起こす介入がありうるということであれば、この種の可能性が人間の経験と人間の本性に関するわれわれの理解を変えることになる以上、現行の社会およびその道徳的原理について、もっとも徹底的な問題が提起されることになる。現在のところ、こうした問題点はまだ穏やかな形であらわれているにすぎない。だがその可能性はすでに片鱗をのぞかせているし、堕胎と避妊をめぐる論争は、新しい医療テクノロジーをめぐる論争のありうる状況を明らかにしている。論争は、次世代の医療テクノロジーのいくつかが利用できるようになるにつれて、加速度的に増大することだろう。それは「いつ」という疑問である。たとえある国がある特定分野での研究を全面的に禁止しようとしても、世界中に存在している非常に多数のセンターに科学研究事業が分散すれば、その研究はどこかで進められ、その知識はある段階で利用可能になることは確実である。ひとたび利用可能になれば、開放された政治システムで、それへの接近を否認することは非常にむずかしくなる。だが接近が許されてしまえば、社会は永久に変わってしまいかねない。多くの新しい期待、需要、対立が立ち現われてくるだろうが、それらは、現行のいかなる政治システムをもってしても、処理することはきわめてむずかしい。だが政治によってそれを処理できなければ、そうした問題を解決できる可能性はまったくないのだ。

5

公共圏の終焉

運命論の最後の例は公共圏の終焉を明らかにする。そうすることで、この例はまさに政治の核心に触れる。というのは、公共圏・公益・市民参加《シビック・エンゲージメント》・公衆の意見〔世論〕、公的機関が存在しなければ、政治的なものの主要な次元の一つが消滅してしまうことになるからである。だが、二一世紀初頭に、さまざまな現われ方をした公共圏は問題をおこしており、それが沈滞していると言明し、さらに旧来の公共概念がその地位を失う新しい時代の接近を歓迎する著述家に不足することはなかった。しかしながら、終焉論に関する論説の非常に多くがそうであるように、この議論はまたもや過度に歪められた状態におちいっている。分析に歴史的深みはほとんどなく、もはや政治は死んで回復できない、とする大雑把な判断へと流れ込む重要で興味深い趨勢を誇張する傾向がある。

政府の終焉

この論説の中でもっとも持続的な形の一つには、政府の終焉をめぐる考察が含まれている。政府の終焉についての幻想は今にはじまったものではない。その幻想は長い間西欧の政治的想像力の一部であったし、カール・マルクスを含む数多くの政治思想家は、国家の衰弱死を期待していた。だが、管理という仕事はやはり遂行されねばならず、したがって何らかの形で、階級なき社会でも政府は必要だとマルクスは認めていたのに反して、現代の多くの説明は政府の置き換え《ディスプレイスメント》を見越している。この論説のもっとも影響力をもった形の一つは、自由意志論《リバータリアニズム》ばかりでなく、ネオリベラリズムの多くの人たちにも認められる。もっとも、ネオリベラルは最小国家の必要性は認めてはいるのだが、それはやむをえず承認しているだけのことであり、彼らの論説の趣旨は、世界が政府と政治から解放されて、世界をさいなんでいる悪の大部分を流しだしてしまいたいということにある。

政府が衰弱死するというどんな明証があるのか。国民国家の衰弱死の場合と同様に、現在の状況を思いつくままに吟味してみると、これと反対の方向をむいているように思われる。政府による活動は減退しているどころか、増大しつつあるように見える。これとは逆の言い分は、たとえば公的資産の民有化による公共セクターの縮小、私的セクターの規制緩和、減税および福祉拡大にたいする政府支出削減への努力といった、世界的に行われている政策編成方式における重大な趨勢を強調することにかかっている。しかしながら、もっともラディカルな政府といえども、今のところはせいぜい、国家の成長を停止するのにいっぱいで、それを逆転するのに成功していないことは、一般に認められている。おそらく、この論旨のずっと中心にあるのは、国家は「新しい公的管理」（'the new public management'）のドクトリンを採用することによって「空洞化」（'hollowed out'）してきた、という考え方である。そのドクトリンに含まれるのは、政策勧告と政策実施との分離、公的機関、公私協力、ないし私企業による政策実施の組織化、国内市場の振興、サービスの請負い契約、そして競争に訴えて効率を増大させる態勢である。この新しい公的管理の採用は行政における一つの重要な発展であるが、それによって政府の終焉に到達するのかどうかはきわめて疑わしい。それは他の手段による政府なのである。

グローバル化と情報革命に関する論説の中には、新しいグローバル市場を主導しているセクターにおける発展の速度が、一〇世紀の拡大国家を支えてきた基礎全体をえぐり落しつつある、と主張しているものがある。国民国家はすでに経済のかじ取りをするのに適した場ではなく、経済活動を規制し、それに課税する能力を失いつつある、と言われている。その財政基盤の縮小に伴って、国家はその優先事項および計画事項をたえず評価し直し、大幅に縮小した役割を受け入れざるをえなくなるだろう。

超グローバリストには人気のある、このシナリオのネオリベラル版には、変化の過程が自動調節的なグローバル市場そのものによって駆動される、とするものもある。市場秩序は国家による招かざる保護を振り捨てる地点に到達する。市場が要求するかじ取り機能はすべて、市場そのものによって提供される。特定のサービスへの欲求があれば、市場におけるその穴は企業家によって突きとめられ、そのサービスが提供されることになる。もしそのサービスが提供されなければ、それへの欲求が存在しないということを示すものと思われる。この視角からすると、グローバルな市場の広範囲にわたる規制緩和によって、市場のにない手たちには、自分たちが必要としている形態の自己規制を自分たちで決定することが許される。多くの自由意志論者《リバータリアン》はもっと先まわりをする。すなわち、彼らは国家が通貨発行の独占権を握る必要をも疑問視し、国際通貨基金と世界銀行といった介入主義超国家機関だけでなく、中央銀行をも廃止しようとすることだろう。もしグローバル市場が最大限に発展することが許されるならば、政府は余計なものになる。

管理運営《ガバナンス》

この言説では、国家と政府に関する他の言説の場合と同じように、権力を中央に集中し、その管轄内のあらゆるものにたいして支配権《コントロール》を行使しようとする、これまでの政府による意図は、究極的には、企業と企業意欲とを窒息させるものと見なされる。この見方からすれば国家は、国家だけでは、経済の適切なかじ取りができない。国家はあまりにも柔軟性を欠き、硬直化しすぎているのである。政府《ガバメント》が供給できる範囲をはるかにこえて多様化したパタンの管理運営《ガバナンス》を発足させる必要があるのだ。政府から管理運営への移行が、最近の政治論の中心的な物語の一つになっている。「管理運営」という用語がよみがえっているのは、社会を統治するかじ取り機構の範囲を示すためなのである。政府はそうした機構の一つであり、どのように評価しても明らかに、依然としてもっとも重要な機構として存在しているのだが、それが唯一の機構ではないのである。政府が用いる管理運営の方式は、義務の明確化および命令と責任の連鎖を伴ったヒエラルヒー組織になる傾向がある。市場とネットワークという違った管理運営の方式は、別の手段によって活動を調整し、かじ取りをする。

管理運営という視角の中で大切なのは、それが社会を運営する方法に含まれてはいても、国家および主権の概念にこの種の集中が存在していた当時は見のがされていた、いくつかの要因を思いださせることである。主権のウェストファリア・モデルは、あたかも国家が唯一の権力・勢力源であるかのように、過度に絶対主義的な流儀で解釈されると、必ず人を誤まらせた。十九世紀にあっては、社会科学および政治思想の支配的傾向は国家の役割を軽視し、代わりに、社会を再編成する諸力に集中した。政治および国家は、マルクス主義はもちろんリベラリズムにおいても、上部構造の地位、すなわち、近代的世界を形成する諸力を決定する要素ではなく、むしろその諸力の反映に追いやられる場合が多かったのである。

管理運営の言説によって、社会が運営され、社会的相互作用の安定したパタンが確立される複雑な方法への関心が回復している。とくにその焦点になっているのは、政府や企業官僚制の仲介を伴わずに個々人を結びつける非国家的なネットワークと市場のすべてである。だがこれらすべては、政府は消えうるとする終末論的《アポカリプティク》な主張からは遙かに遠いものである。子細に検討してみると、こうした主張の大部分は有効性を失っている。国家政府《ナショナル・ガバメント》をより広い意味の政府から区別するのに失敗している場合が多いのである。国家レベルにあっては、最近数十年間、国家政府によって遂行されていたある種の国家機能が、超国家機関や委託機関に移譲された、というのが本当のところである。多層的管理運営（multi-level governance）の複合パタンが、とりわけ欧州連合に明らかで、そこではさまざまな統治機能がさまざまなレベルに配分されている、補助金の原則（the principle of subsidiarity）は、ありうるもっとも分権化されたレベルで個別機能が遂行されることを要求している。

多層的管理運営に、統治総量が必然的に減少するという意味はない。現に、欧州連合において、薄められない国家主権という理念を支持する多くの者は、多層的管理運営の成長を、統治の層を追加し、政府による統治の量が増大するものと見なしている。彼らが各国に自治を認めることを支持しているのは、各国がそれぞれに担いたいと望んでいる規制上の負担をみずから決定するためである。一方で、多層的管理運営を主張する人たちは、国民経済の相互依存の進展、そして共通のルール群の下で機能するより統一化された経済空間の創出の利点を強調する。この種のルールの採択は、最近の介入主義国民国家から、その機能の多くが超国家レベル――欧州連合の場合のように地域レベルであることもあるばかりか、世界貿易機関（WTO）のようにグローバルなレベルのものもある――で遂行される調整国家（regulatory state）にむかうより一般的な動きの一部と見なされてきている。介入主義国家ではなく、調整国家へのこの動きは、政府の終焉を予告するものではない。それは統治の増大を意味するものですらありうるのであるが、その統治は必ずしも国家レベルのものではない。

この変化が今なお支持されるのは、権力が国家政府から流出していて、国家がこれまでの意義の多くを失っている、と言わんとするためである。国民国家は、目標を達成する能力の多くがいたるところで移譲されるようになるために、その能力を欠いた、脆弱な国家になることだろう。だがこの懸念にしても、綿密に検討してみれば、意外の感がある。未来の強国、つまり、国家目標の達成能力を発達させる国家は、他国との友好的な協力関係を発展させるのに成功する国家ということになろう。これこそ、国家が保持する必要のある最重要な能力の一つとしてクローズアップされるものなのである。他国と絶縁することで国家は国力を増進できるという考え方は異常である。そのことは、国力の判断基準として、国の経済政策をグローバル市場の要求に従わせる能力と考える、ネオリベラルの言説においてはじめて理解できる。

よく知られたアナロジイは、やせた会社がやせた国家の役割モデルであるべし、とするものである。会社が子会社を切り落して、その核心業務に集中することを学んだように、国家も同じことをする必要がある。だが、会社の場合よりも、国家の核心業務を決定する方がずっとむずかしいのは、非常に多様な役割が現に国家によって遂行されているためでもあり、国家の核心業務は何でなければならないかが、何世紀にもわたる政治論議の中心だったからにほかならない。過大化した国家を現実によしとする者はいない。だが、国家の核心機能は何か、それは何であるべきか、についてはまさに多様な説明が存在するのである。管理運営のコンテキストで政府を理解することとは、政府が用いている用具《ツール》の多くがある特定の管理運営方式に属していること、そしてそれがどんな目標であれ、政府がめざしている目標を達成するのにおそらくはずっとすぐれている、社会を調整しかじ取りをする方法が他にある、と認めることである。重要なポイントは、さまざまな管理運営方式間のバランスこそが政治のキイ争点だということである。というのは、市場を含む管理運営の全方式は、政治的な正当化と支持を要求するからである。

公と私

この単純な指摘が表していることとは、国家および国家と社会との関係を記述するに当ってのわれわれの現代語の貧しさである。国家を論ずるもっとも一般的な方法の一つは、公的セクターと私的セクターとの境界線にかかわっており、この両者間にはゼロ‐サム関係がある、つまり、国家が拡大すれば、公的セクターが増大し、私的セクターが縮小する、とも言うのである。これは結局、国家はそれが包み込むあらゆるものを窒息死させる非常に大きなカーペットでもあるかのように語る、ある種の政治家に非常に好まれている周知の国家撃退のことばにつながる。国家を押しつけ、すなわち重荷とするこの考え方は、国家を経験する一つの道筋を表しているが、その他の道筋は無視している。国家は政府と、また公的なものとも同一視される場合が多い。だが政府はせいぜいのところ国家の一部、つまり、公的に同意された政策を配達する特定の組織的手段にすぎない。

同じように、公共圏は政府よりもずっと広いカテゴリーである。公的領域《パブリック・スフィアー》と公的活動がどのように規定されるかは、あらゆる政治体《ポリティ》での決定的に重大な争点である。現在するべき必要があるのは、公共圏という考え方を、あまりにも長期にわたって同一視されてきた、公的セクターというもっとずっと限定された概念から解放することである。公と私との区別は依然として公共圏の本質を理解する点で重大であるが、正確に理解された公共圏は、政府ないし政府が直接管理することと混同さるべきではない。それは、「公的」アクターも「私的」アクターも等しく参加する、共通した仕事の領域であり、共通した問題の審議なのである。

市民参加の終焉

政府の終焉のほかにも、公共圏における市民参加（civic engagement）の終焉に関する多くの考察がある。市民による公共問題への参加の低落はもっとも多く指摘される動向であり、市民社会におけるボランティア組織に加入する市民たちが示す一般的な減退ばかりでなく、政党加入・投票・民衆集会にも反映している。市民参加と民衆意識にいちじるしい低落があるという考え方は、特定の公的空間と公的活動が脅かされていると認識されている近代的社会へのより広い批判の一部なのである。私的な楽しみの追求が全面的に広がっていると見られており、個々人が何らかの意味で自分たちの政治体としてそれに抱いているある種の意識を確実に崩している、と論じられている。政治体をリパブリック――レス・プブリカ、公共問題、公的活動と公的言論のための空間――として理解することは、有権者大衆と複合社会という文脈では維持し続けることは常にむずかしかったし、わずかに残っているものも今では危うくなっていると思われる。

この事態の原因の一つは、現代の大衆政治の環境とニュー・メディアが演ずる役割にある、と言われる。政治家が大衆民主政治の性質を理解し、それに応じた行動を始めるにはしばらく時間がかかったために、長い間多くの政治家たちは、依然として、大衆政党と大衆集会といった組織的手段による政治教育と政治指導が自分たちの任務だと信じていたのである。有権者の多数が政党内で活動的にならず、また重大な政治的知識を得ようと努力することはない、ということが明らかになるにはかなり時間がかかった。政治指導者層が自分を自分の政党から切り離して、マスメディア、とくにテレビを通じて直接有権者にアピールする手腕には抗すべからざる力があると証明された。これが意味しているのは、ところの如何を問わず開発されたマーケティング技術すべてが、候補者とその所属政党を選択の対象にするのに利用することができるということであり、また選挙政治が議論の戦いではなく、イメージと強い印象を与える短い言葉（soundbites）の戦いになるということである。政治家は、どうすれば得票を最大限にしうるか、という大問題に関心を集中するにいたったのであり、この意味は、彼らのメッセージと姿勢とが、選挙で最大多数の有権者に完全に受け入れられるのを確実にするという点にある。職業上の技術を選挙運動に適用するこの最近の例が、すべての政党が現在そのメッセージの見せ方を改善するのに利用している、焦点集団《フォーカス・グループ》である。

この新しいメディア政治の結果が、内容ではなくて見せ方に、そして争点ではなく人物にたいする集中だ、と批判者は主張する。選挙政治は見せ物、つまり、間欠的に有権者の関心をとらえはするが、彼らにとっては深い意味はほとんどもたない、政党指導者間の剣闘士のような戦いになっている。政治的な討論の範囲がせばまることで、あらゆる政党は中心になる場所を確定し、そこを占有しようと努め、その結果にたいする関心が失われる場合が多く、投票しようとする者はほとんどいなくなる。というのは、投票が彼らにとって相違を生みだすとは考えられないし、投票行動を自分のアイデンティティの重要な表現と見なすようになる者もほとんどいなくなるからである。どちらにしても、投票率は低落しはじめる。この推移が行きつくところまでいったのはアメリカだったが、ヨーロッパでもこの趨勢は見てとれるようになりつつある。同じようなことだが、この推移はこれまで常に政党の活動的な党員であった多くの人たちの意思を徹底的に失わしている。政党の意思決定における彼らの役割がいちじるしく縮小されているからである。指導者選出に際しての一票は、予備選挙によるか直接選挙によるかを問わず、一般党員がより大きな発言力を与えられている領域である。だが、政策形成はほぼ全般的に党員から奪い取られるようになった。たしかに党員は意見を求められるが、彼らにはもはや政策を変える機会はない。

こうした動向は公共圏へのより広い脅かしによって強化される。公共放送は、それがあるところではどこでも攻撃の対象になっていて、デジタル時代におけるメディアに新しいテクノロジーの可能性が爆発的に増加するに伴って、公共放送が得ている特権を取りあげようとする圧力が高まっている。したがって、政治に関する掘りさげたニュースとコメントの提供が脅かされるが、その大幅削減は視聴率にもとづいて簡単に正当化することができる。同じように、「内容のレベル・ダウン」(dumbing-down)ということで知られている経過が質の高い新聞に広がっている一方で、週刊誌や季刊誌は存続に格闘している。そうした新聞や雑誌の数が少くなり、大学内での学問の専門化の強化が相まって、社会にむけて発言する公的知識人(public intellectual)層――その特別な機能は公然とした言論、そして公的なものと政治的なものとの規定と構築である――がどの国でもかげをひそめるようになっている。このように現在の趨勢を読んでみると、公共圏がいたるところで縮小しつつあって、それは一方では憂鬱なテクノクラティックな管理に、他方では意味のないメディア・ショーに取って代られようとしている。結果は民衆参加の撤退であり、私的生活と私的快楽への民衆の加速度的集中である。

参加と説明責任

この方向にむかう趨勢があることは否定できない。民主主義をめぐる希望の多くはまだみたされていないのである。政治に関する知識は中央に集中したままであり、投票と納税をこえる積極的市民活動はほとんどなくなっている。しかし、このように特徴づけても、そこには欠陥がある。というのは、その特徴づけは、暗黙裡に、近代には存在せず、また存在することがありえなかった政治関与と政治参加のモデルに頼っているからである。このモデルの背後にある力の多くは、古代世界の政体、とくにギリシャにおける政体のいくつかが表象する理想から生まれている。そこでは、公共圏が私的領域よりもずっと高い地位をえていたし、公的な行動と言論が人間をすぐれて人間的にするものとして重んじられていたのである。この政体はたしかに全包摂的ではなかった。（女性は奴隷同様、私的領域にとじ込められ、権利を否認されていた。）しかし、市民を構成する人たちにとっては、公共圏という現代にいたっても政治的想像力に反響し続けて、その消滅がいまだに大いに悔やまれている、理想が存在した。

しかしながら、このモデルが近代世界のもっと大規模な社会にも適応させることができたかという問題は別として、このモデルが適切でない別の理由は、近代はその当初から、公的なものと私的なものとの関係についてまったく異った理解によって特徴づけられてきたということである。この理解にあっては、私的なものが優先していた。政体の目的は、私的な欲望と欲求の充足を推進し、それを容易にすることである。これは急速に変わったわけではない。すなわち、それは常にモダニティの軌道だったのである。参加の形態を見る場合は、必ずこの背景を考えねばならない。二〇世紀前半に確立するにいたった特定の参加形態を取りあげて、それが現在を判定できるある種の基準を表象すると思い描くのは誤りである。参加の形態は変化するし、公的なものとそれが実現されうる方式についての理解も変化する。公的なものと公的空間の理念を脅かす趨勢は明らかにいくつもあるが、新しい参加の形態と新しい公的な議題があらわれる道筋も認める必要がある。情報革命と結びついた新しいテクノロジーは、市民が将来参加することのできる新しい方法、つまり、現在登場しつつある新しい種類のコミュニティと社会的相互作用に適した新しい方法を開きつつある。旧型の社会資本はすたれるだろうが、新型が同時に創出されつつある場合が多い。ここに自動的なものは何もなく、時には現実に失われるものもあるのである。だが、この過程が唯一の道筋では決してない。新しい参加拡大の道を伴う新しい機会が立ちあらわれることだろうし、それをつかまねばならないのだ。

公共圏の終焉という考え方に固有の運命論と、本書で論じている終焉論すべてに存在している運命論とは類似している。その主たる欠陥は、それらが危険信号を際立たせられないことではなく、一つの結果だけしかもちえない一方向的な趨勢として発展を提示していることなのである。しかし、それよりもずっと多くの可能性があって、政治の一つの目的は、こういった可能性を論じ、探査し、検証できる状態を保証することにある。政治エリートが権力を集中し、有権者を操作し、開かれた討論を制限しようとする光景は、別に新しいものではない。エリートは一般にこのように行動してきたのである。近代的国家のヒエラルヒーと秘密主義およびその特徴的支配形態と、公開と説明責任の文化および政治との間には、いつも緊張関係が存在してきた。この緊張関係はあらゆる時期に新しい形をとり、そのことは現在にあっても変わらない。政党が党員をへらしつつあり、投票率は低下し、政治指導者は以前に較べてずっと厚かましく売買されていることをもって、われわれが今や政治的なものの切迫した最終的閉塞に直面していると考えることは説得的でない。民主主義を改善し深化しようとする努力は終わることのないものであり、民主的な形態そのものが存続する限り、民主主義を制限しようとするあらゆる試みは抵抗に出会うことになろう。この抵抗が成功する、あるいは社会が発展する過程には何らかの必然的な進歩がある、とする保証はない。社会は前進するだけでなく、後退もしうるのである。だが、可能性を評価するに当って、人間の状況に転換点が画されている現在、異常で激変的な事態が生起しつつあると考えるべきではない。

公益の終焉

政治と公共圏との関係は公益の問題にかたく結びついている。私益と切り離された公益は存在するのか。多くの政治理論家はこの考え方を価値がないと退けている。政治家が公益にしたがう行動、あるいは公益を考慮に入れることについて語るとき、それは単に私益の偽装にすぎないと受けとられる。政治家は公的なものの名によって行動すると主張することで、その行動を正当化しようとするが、彼らの現実の動機と意図の基礎になっているのは、何が彼ら自身の利益や彼らが代表する人たちの利益を推進するかという計算である。

公益といったものは存在しないという主張は、最近になって、ネオリベラズムの公共選択派が強く推進してきた。公共選択分析は政治分析に単純な経済モデルと経済的な仮定とを適用し、政治が自らまとっている見せかけと幻想を剝ぎとろうとしている。もしも存在するすべてが個人であり個人の利益ならば、個人が消費者か政治家かは問題ではない。すなわち、その行動の分析は同じようなものだろう。あらゆる個人が合理的でその効用を最大化するものと仮定すれば、彼らは自分の利益を最大化し、その費用を最小化する選択を行う。費用と利益は主観的であり、究極的には当の個人が知りうるにすぎない。政治に適用してみると、こうした仮定は、公益、開明政府、あるいは人民のための政府といった概念は何ら意味をもたない、ということを意味する。政府はそれを構成している個人――政治家と官僚――、その全員がそれぞれ自身の私益を追求し、その（主観的）効用を最大化しようと努力している個人に分解されねばなるまい。その結果はいちじるしく有害な結末を生みだすシステムである。というのは、政治の市場がきわめて不完全な競争と、どんなものであれ厳しい予算制約を欠くことによって容赦なく歪められるからである。その結果、政治家と官僚が予算をふくらませ、彼らの活動規模を抑制されることなく拡大できることになる。これはひいては、彼らの利益を推進し、しかもすべての人たちの犠牲においてそうするという結果を招く。

ネオリベラルは政治に善なるものをほとんどみない。つまり、政治は世界における諸悪の大部分の根源であり、したがってできるだけ制御される必要があるのである。政治のない世界（politics-free world）の方がずっとましな場になることだろう。この主張はきわめて還元論的である。それが追求するのは、あらゆる公務の背後に隠れている私益をあばくことだ。その論旨は、個人は必然的に生まれつき悪なのではなく（もっともそのように考えている者もあるが）、個人は彼らに規律を与え、彼らの行動を導く堅固なルールの枠組の中におかれなければ、彼らは他人の出費において自分の利益を推進するように行動するだろう、とするものである。政治と公共圏に伴う問題は、政治の市場を通常の商業的市場と同様に競争的なものにするルールを考案することは不可能だ、ということである。その意味するところは、政治の市場は、たとえ全面的に閉鎖されないにしても、少なくとも、できる限り制限さるべきであり、そうすることで損害を最小限におさえられる、というものである。

ネオリベラリズムは、公共善、公的愛他主義、開明的父性主義、あるいは中立で全知の政府といった概念すべてに精力的に攻撃を加える。この点では（他の点ほどではないにしても）、階級社会にあっては、国家は階級間にあって中立ではありえないのだから、国家はある普遍的な利益を代表するという主張はいつわりであり、それは常に特定の階級的利益を隠蔽するものだ、と還元主義流に主張したマルクス主義者たちと、ネオリベラリズムは似ている。事実、国家は階級的利益の一定の配置状況を保護するためだけに存在した。国家の政策はすべて、特定の階級の利益に仕えるという意味で、ただちに階級の政策であった。政治には独立した空間は存在しなかったのである。

こうしたネオリベラルの主張とマルクス主義の主張にたいするもっともすぐれた反論は、ネオリベラリズムおよびマルクス主義そのものの中から生じている。還元主義的な主張は人目をひき、また抵抗しがたい場合が多いが、結局は間違っている。公的な、愛他主義的な、開明的な、公平なといった言葉を公共政策に自動的に結びつけることを問題にした点で、彼らは正しい。だが彼らは、公的空間および国家について、非常に一面的で不完全な説明を提出している。とりわけ彼らは、特定個人の利益に仕える政策と活動を、個々人が多様な利益を追求することを認めるような枠組を設定し、一般ルールを確立する諸活動から識別することができない。政治と国家についての彼らの説明が正しいとしたら、それはまさに猟官制になってしまうことだろう。つまり、さまざまなレベルの腐敗と公職の濫用が風土病になろう。政治システムと国家にはまさにそのようになっているものもあるのである。しかし、すべてがそうならないのはなぜなのか。そうはならないという事実こそ、公共圏に参加する人たちの私益と切り離すことのできる公益という概念を強く支持する論旨なのである。

公益は概念としては公共善とは異なっている。公共善は客観的で、理性を行使することで認識が可能な、したがって原則的にはエリートによって接近可能なものと思われている。善と知識のこの古典的な概念化は、近代的な概念とは別個のものである。それはちょうど、公的なものと私的なものについての古代世界の概念が違っているのと同様である。私とは本来公的生活からの撤退を意味し、公職を奪われることを示した。親密と独立の領域、そして国家に対抗する市場の領域としての私的領域の拡大は、近代がつくりあげたものである。公と国家との合成は二〇世紀の特殊現象である。私企業は公企業、すなわち国営企業と対立するにいたった。もっとも、公開の企業（株主が正式に所有している上場有限責任会社）を国営企業（国家が全体を所有している企業）と対置させても同じように妥当であったろう。

公共善についての古典的概念には、利益の場は存在しない。公共善に対立するものとしての公益という考え方が登場しうるのは、私益が社会秩序の基礎と認識された社会だけであった。公益は、ベンサムと功利主義者によって、個々人の利益の集合として構成されたのだった。社会が存在するのは構成員が幸福を私的に追求するのを容易にするためとする原理を受け入れるにしても、個々人の幸福へのプロジェクトすべてをどうすれば衝突から守れるか、という問題は残る。必要な機構とルールが自然に立ち上ってくる、あるいは特定の人びとが他の人たちの購入する特定のサービスの必要を予見する、と仮定するのでなければ、社会の全般的な配置についての長期的な見地をもつ、国家ないし公的機関の必要をどうすればもたないですむか、という問題は理解できまい。

公益は、公共善という客観的な概念からも、個人によるそれぞれの私益の自発的な追求からも派生しえない。だからといって、この概念を無意味とするわけにはゆかない。それをはっきり定義しようとする試みは、現代政治の最重要な側面の一つになっているのである。公益概念で問題になっているのは、公と私がどのように規定されるか、そして両者の関係如何ということだけではなく、公共圏の規定、そしてそれを超える政治的領域の概念、さらに公共政策と公的行為を形成し評価するのに適した規準と価値なのである。これが意味しているのは、公益が固定されたものではありえないということ、つまり、たえず競い合っていて、交渉過程にある、ということである。ある特定の社会ないし時期での公益を決定するのは、多様な利益と圧力の強さであり、歴史的な遺産であり、出来事にもよるし、さらにイデオロギー的な主張と政治指導にもよるのであり、要するに政治なのである。

こうした考え方は、この用語が曖昧で、すべてでもあり無でもあるという意味になりうる、という不満を鎮めるものではなかろう。それを支えているのは、公共圏に関する一定の言説の展開であり、公的サービスと公的責任についての一定のエートスであり、公益について合理的に論議するための一定の規準なのである。公益をめぐる現在の論議の大部分は、公平性、それを具体化するルールをいかにして形成するか、そしてそれからの逸脱をいかに処理するかを中心にして繰り拡げられている。資源を配分し、資格を決定する個別規準はもとより、処置の平等と正当な法手続きについての理念が、したがって、公益を確認する中心になっている。

こうした手続きは、公職者の買収されやすさや全体の利益に見せかけた個別利益の追求によって、常に腐敗にさらされている。確立された民主国家にあっては、しかしながら、公益観が浸透した制度と機関の蓄積がある。公益は、たとえば拡大国家といった特定の結果にむかう偏りはない。最小国家にしても公益の一変形であり、それは公益を、その活動を限られた中核的機能に限定している国家を通じて最善に保証されるものと考えている。だがこれにしてもある重要な公共圏を規定しているし、公的な規準と価値の必要性を認めている。

政治はもはや意味がなく、グローバル化とテクノロジーによってその運命が決定される世界にあっては、重要性と有意性が衰えているとする主張は、政治が現に行っており、また常に行ってきた特定の貢献を理解しそこなっている。超グローバル化と荒々しいテクノロジーの世界は、公益についての考察をますます必要とする、つまり、この両者の過程の与えるインパクトを監視し、その恩恵を共有しうる枠組を構築する努力をますます必要としているものと思われる。新しい実例が毎日現れてくる。たとえば、遺伝情報を解読する研究実験室は、そのえた結果に特許を与え、またそれを利用したいと思う者に使用料を請求することが許されるべきなのか、あるいはまたこの種の研究は公共圏に属し、すべての研究者に自由に利用できるようにするべきなのか、といった問題をめぐる論争が生じている。これは古くからの公益問題である。またそれは、グローバル市場の管理運営の中心に達する争点でもあるのだ。この事例における公益の決定は、遺伝情報の解読は、共有資産と主張されねばならず、私益によって利用されてはならないほど非常に重要な科学的な飛躍的発見かどうかを決定することを意味している。この争点は最初は法の問題として争われるだろうが、ヨーロッパとアメリカの裁判所は別の姿勢をとるかもしれない。そうなれば公益という問題は、裁判所から政府へと移行することになり、政府は、遺伝情報を公共圏にとどめて、誰にでも入手できる情況を保証する国際協定に調印すべきか考慮しなければならなくなるだろう。

こういった政治的課題は、これから歳月と共に増大することだろう。活発で公開の政治的討論と、健全な公共圏の維持の必要が明らかになると思われる。時にはそれを操作しようとすることはあるにしても、政府はこの討論を制約することはない。政府の終焉あるいは政治の終焉とよばれるのは、往々にして、政府が以前よりも力を失っているとする判断にすぎない。政府内部に革命が生じつつあるし、公共圏に関する旧来の概念の多くはもはやたいして役に立たないし、正確でもなくなっている。公共圏を規定するべき原理についての明確な考え方が、緊急に必要とされている。だが、公共圏そのものが消滅しようとしているのではない。

6 政治

いくつかの形の終焉論の中心的主張の一つは大きなメタ物語の時代は終ったというものだが、終焉論そのものがこうした物語に属しており、しかもその特徴をおびている。終焉論の変動理解のしかたはメタ物語のそれと同じであって、循環ではなくむしろ趨勢によるものである。終焉論の信条、すなわち、人間の発達は質的に新しい段階に到達しており、過去二〇〇年のモダニティの期間を追い越したとする信条は、本質的なモダニストの考え方である。この物語に従えば、過去二〇〇年間に、人口増加・貿易・経済生産・技術革新・メディア・文化交流の趨勢は上向きであり、また累積的でもあった。こういった趨勢が一つになって相互依存のグローバル市場を創りだしているのである。進歩は一様ではないし、往々にして戦争と経済不況の結果としていちじるしい後退と減退があったが、上向きの勢いがいつも回復した。社会発展の新しい段階が、過去を再生することなく、達成された。無限に繰り返される循環に代って、過去二〇〇年間の社会変動に関する人間の経験は前進的であった。変動は歴史を先に進めるのであって、それを循環させるものではない。その意味するところは、変わらないものもあるが、何世代もの間にまったく新しく経験するものもある、ということである。

終焉論に関する論説はこの見方に挑戦してはいない。むしろ、その見方を支持している。過去の西欧諸文化もそうだが、文化が異なれば変動の考え方も異なるのである。二一世紀における時間と空間の考え方にたいする挑戦は、変動の循環論の復活になることだろう。しかし、大方の終焉論にとっては、科学的知識と技術革新の強調が依然として中心的位置を占めている。新しい情報革命は、その結果があらゆる社会制度を通じて滲出するにつれて、過去一〇〇年間に存在してきた非常に多くの社会制度と活動の消滅をひきおこしつつある触媒なのである。だが、この革命は原則的に、近代期においてかつて生まれた他の革命と異なるところはない。

終焉論に関する論説には次のように読むことのできるものもある。すなわち、われわれが迎える新しい歴史的発展段階の説明を提供し、新しい思考・新しい生活形態・新しい制度・新しい関係——新しい経済——にたいする基盤を整えるものとして、である。あらゆる革命、あらゆる世代は、過去からの解放、新しい出発点、開かれた未来、そして歴史の終焉を宣言することでみずから名のりでる。終焉論説は何か違ったところがあるのか。それが誇張していることは時にはあるかもしれないが、おそらく誇張が必要なのは、われわれの自己満足にショックを与え、地球が動いていること、つまり、何か質的に違ったことが生まれつつあることをわれわれに気づかせるためである。

新しいものの賛美はモダニティの本質的な部分である。それは例によって野放図な楽観主義と深刻なペシミズムの両極端を生みだす傾向がある。このどちらも終焉論説に認められるはずである。グローバル化を熱心に主張する者たちは、たとえば、二〇世紀が植民帝国を一掃したのと同じ程度に確実に、二一世紀には国際国家システムの痕跡を一掃して、調和と平和の時代に導く、新しい国家なきコスモポリタン秩序が生まれつつあると信じているが、それとは反対に、多くの環境論者は、産業テクノロジー・システムが制御できなくなり、この地球の生態的な生命維持システムに与える取り返しのつかない被害を回避するにはもう時すでにおそく、その結果、世界が環境破滅と資源をめぐる激烈な紛争の時代に直面する、と懸念している。

こうしたペシミストと楽観主義者に共通しているのは、われわれの運命がすでにわれわれ以外の諸力によって決定されている、とする確信である。よかれあしかれ、われわれは自分ではほとんどうすることもできない趨勢の手に握られている。それをよろこぶ者もあるし、絶望する者もあるだろうが、われわれが一体となってまだ未来を形成できる、あるいはそうしようと努力すべきだ、とするには疑問があるという。ネオリベラルおよび多くのポストモダニストにとって、未来は個人と個人の選択にかかわっている。未来は政治にかかわってはいない。政治は一般に、重要性と有意性を減じつつある活動と軽んじられているのである。

政治は終焉を迎えているのか。本書では、そうではないと論じてきた。その理由は二種類ある。第一は、これまでの四章で主張したように、歴史の終焉・国民国家の終焉・権威の終焉・公共圏の終焉をめぐる主張の多くは決着がついていないということ、つまり、誇張と運命論にたよらずに、われわれが経験しつつある変動を理解するよりよい方法がいくつもある、というものである。第二は、活動としての政治はわれわれの経験の一部であるだけでなく、経験の本質的要素だと認識することである。終焉論に関する非常に多くの論説に黙示的あるいは明示的に含まれている運命論は、特定の政治的選択を表現しているのであり、しかもその選択は、それ以外の選択を排除しているだけではなく、その他の選択はありえない、ないし実行不可能だと指摘しているのである。

政治の内容とスタイルはたえず変化しつつあるのであって、今から五〇年後になったら見分けがつかなくなるだろう。だが、政治の必要性がなくなることはあるまい。現に、この最終章で私が主張したいのは、われわれに直面している問題、すなわち、それを解決するためには集合的な行動を必要とする問題の拡がりが今以上にわれわれをおびやかしたことはないのだから、政治の必要性が今ほど高いことはない、ということである。こうした問題を政治を通じて取り組むことができなければ、それは手がりようがまったくないのだ。終焉論説にはこれ以上のことを言わんとするものがあって、そうしたものは問題ではないのだとか、もはや集合的な解決は必要ないのだから、そうした問題を手がける必要はない、とするものもある。これはいちばん自己満足的な見方である。

政治的なものの次元

だが、政治的なものが消えてしまうことはない。本書第一章では政治の三次元――権力・アイデンティティ・秩序――を検討して、政治がこの次元の第一のものとの過剰な同一化を通じての活動――国家の問題・政府の業務・内なる者と外なる者・取り巻き政治《コート・ポリティクス》・政策の歪みとねじれに関わるもの――としていかに絶えず非難されてきたかを指摘した。権力と勢力の魅惑、内紛と政治的ゴシップ好き、公職者の取るに足らない、あるいはそうとは言えない腐敗は、あらゆる政治体制での政治に固有な特徴であり、往々にして政治家に下される低い評価を生みだすのは、多くは取るに足らない性質のもので、メディアによる公衆の詮索にさらされる場合が多くなる。政治における誠実さの欠落は、政敵を中傷し、自分の意見をいつわって伝えようとし、同時に、自分たち自身の意見をごまかしたり、ことわったりする、政治家のごく普通のやり方によって例証される。多くの政治体制で、有権者が政治家を皮肉な目差しで見るようになったのは、政治家は誠実に話をすると信じていないためである。つまり、政治家が信用されないのは、政治家は公開の演説において、そのすべてのエネルギーを投じて、反対側を困惑させたいと期待して（その期待は次第に空しくなっている）、党派的な主張の正しさを力説しようとし、他方、政府部内にあっては、彼らの活動の多くは、彼らに資金を提供する、ないしは資金を提供しうる利害関係者に恩を売っているのではないか、と疑われているからである。政治家が職業的になるにしたがって、彼らはますます、彼ら独自の作法・信条・強迫観念に取りつかれた行動をもって、社会のその他の部分とはきわだって異なった部族に近いものになってゆく。有権者はそれを奇妙なテレビのゲームショウであるかのように見守り、定期的に判断を下すのである。

しかし、政治的なもののこの次元がよそに遺贈されることはありえない。どんな政治体制にあっても、資源は配分され、地位はみたされねばならないし、政治なるものがそれらをめぐって、決定に疑義をとなえ、それに逆い、また圧力と影響力を行使するべく立ち現われる。問題点は、意思決定を行うグループの規模をどうするかなのだ。どんな社会にあっても、政治的階級は自分の考えに閉じこもるものであり、より広い社会に開くことはないし、利害関係者間の同意を周旋するのに手をだすこともないし、合意をつくりだそうとすることもない。それは事態を悪化させる方向への変化を示すものだが、だからといって、もはや何ら政治は存在しない、という意味ではない。権力の場をめぐる「取り巻き」がたとえどんなに小規模であるにしても、その権力を左右し、政策を決定し、そのために発言しようとする戦いはやはり存在するのである。取り巻きの規模が小さければそれだけ、政治のはげしさと近親相姦度は高まる。

政治のこの次元は、中央集権化された意思決定から生ずる。それはあらゆる組織に見てとれるし、現代の国家にあっても、有名人と政治的なゴシップを求めるメディアの好みが減退する徴候を示すどころか、事態はむしろ逆なのだから、その傾向はどちらかといえば増大するように思われる。これが取り巻き政治であり、それはいつも存在してきた。近代的な民主主義国家においては、それは以前に較べるとずっとあからさまで、むきだしになっており、ひいては、拘束を課し、濫用を制限する圧力をもたらすにいたっている。民主主義と権威主義とを問わず、あらゆる政治体制にあって、腐敗と恩顧主義（clientalism）は今でもはびこっている。取り巻き政治を少しはましにし、政策の通過と実行への抵抗を減らすために、できることはいくつかあるが、取り巻き政治は必ず部内者と部外者のゲームになろう。それは必ず騒がしいものになるだろうし、荒っぽいものになるだろう。しかしながら、ある解説が指摘しているように、それが政治のすべてではない。しかし、時にそのように見られるのは、氷山にむかって情容赦なく突き進んでいる時に、タイタニックの上甲板で狂ったように演奏を続けていたオーケストラと同様に、われわれの運命を決定する水面下に隠れた社会の趨勢から上ってくる泡以上のものとは政治が見られないためなのである。

だが、権力としての政治に過大に集中すると、アイデンティティとしての政治と秩序としての政治といった、他の次元を無視することになる。政治的アイデンティティを規定する価値観・原理・信条・こだわりは敵と味方を識別し、政治運動を開始し、われわれに政治的位置を認識させる基準と標準を確立する。これはさまざまな形で権力と結びつけられているが、同時に権力とは切り離されてもいるのであり、個々の政治家や助言者たちの職業に較べると、はるかに長続きする性質をもっている。それは個々人の格闘が演じられる背景の一部なのである。政治理論家の中には、敵と味方を規定することこそが政治の本質だとする者があるが、それは政治が君は誰か、君は何を支持しているのかを語り、君の利益と信条を守って活動をおこす姿勢を示しているからである。敵と味方がいなければ、政治はいき所がなくなってしまうことだろう。対立と真剣な論争がなかったら、誰が公職についたか、その政策は何だったのかの争点は些細な問題になってしまう。

終焉論物語の多くは、政治にたいして有意なアイデンティティ源が現代世界では消滅しつつあり、これが政治衰退の理由なのだ、とはっきり述べる、あるいは黙示的に語る。政治的アイデンティティの大きな源の一つ——イデオロギー的な主張——は終ったとの発表を伴う歴史の終焉の物語は、政治がもはや何らかの機能をもつことはない、と示唆している。同じように、グローバル化の物語も国民国家に終焉を認め、それによって政治的アイデンティティに影響を及ぼしてきた、もっとも有力な部門の一つに終焉を認めたと主張している。しかしながら、イデオロギーは変幻自在である。つまり、イデオロギーは立派に生きていて、今でも有力なアイデンティティおよび差異の源だと思われる。さらに、たとえ国民国家が、その徴候はほとんどないけれども、消滅するにしても、未来におけるアイデンティティ政治をたきつけることのできる、それ以外の差異源がある。たとえば宗教といった文化の多くの側面ばかりでなく、エスニシティとジェンダーは依然としてアイデンティティの重大な源としての位置を占めている。政治的アイデンティティがますます複雑になるにつれて、強制されたり相続したりするものではなく、アイデンティティが構成され、交渉によって取りきめられる程度は増大してきている。

政治の第三次元である秩序の政治は、政治的な行為と結果を形づくる機会と強制を提供する法的・政治的組織を通じて、政治的なものがどのように構成されるのか、を問題にしている。この次元は権力とアイデンティティの次元に較べると、不透明度が高く、直接度が低いように思われるが、実はこれが最重要なのである。というのは、その次元は権力としての政治を下から支えており、その組織は長期にわたって存続しているからである。これは制度の次元、つまり、行動を誘導し形成し、また規範と価値を具体化するルールである。それには多様な形態の管理運営《ガバナンス》が含まれている。つまり、特定の基軸的な制度的様式を通じて社会が動かされる手段なのだが、それには、(会社・省庁・政府機関を含む) 職階組織《ヒエラルヒー》、(金融市場・製品市場・労働市場を含む) 市場、そして (政策・調査研究団体、政治運動といった) ネットワークが含まれている。

この次元は基本的な規約《コンスティテューション》を含んでいるが、それは国家の憲法——投票、選挙、公職、任期、権力分立、権力集中、権力移譲、権限、法手続き、個人の権利といった問題を決定するルール——にとどまらず、社会と経済の基本規約、これらを統御する方式を決定するルールと制度、そしてそれらが公式と非公式の政治過程を通じて持続される方法をも含んでいるのである。

運命をねじまげる

政治がそのもつ意味において権力次元に限定されるとしたら、政治がなぜ、社会の運命を決定する巨大な非人格的諸力によって矮小化された観を呈するのか、を理解することは容易である。だが、ここで指摘したより広い枠組で考えれば、政治は、さまざまなアイデンティティの形と管理運営の形をも創り持続する活動なのである。地域共同社会《コミュニティ》が自らの運命を支配しようとする政治的領域を政治は創りだす。本書で論じてきたのは、政治が巨大な非人格的諸力と結びつけて考えられる場合があまりにも多すぎる、ということであって、そうした諸力に把握されるなら、人間は神の単なるおもちゃにすぎなくなる。ある時は、こうした巨大な非人格的諸力を、人間の運命を支配する超自然的諸力と同一視したことがあった。モダニティは、こうした超自然的諸力の支配から人間を解放し、新しい能力と権限を与えると約束したが、同時にモダニティは、個々人と全人類をとらえる一連の鉄の檻をいずれつくりあげることになる世俗的諸力をも解放したのだった。近代思想のこうした脈絡の決定論は、終焉論説に非常にはっきりと表明されている運命論、すなわち、政治と何らかの差異をつける政治の能力を否認する運命論を生む原因になっている。

モダニティから生ずる運命論を免れたければ、政治を受け入れて、のがれられない結末への道をならしている、仮借ない趨勢という考え方とわれわれは戦わなければならない。だが、政治を受け入れるといっても、運命という認識を捨てるとか、拘束のない世界に一挙に飛躍しうると考えることを意味しはしない。政治と運命との本当の関係は、始まり《イニシエーション》・刷新・可能性を一方とし、抑制・偶然性・歴史的遺産を他方とする両者間の相互作用である。この緊張関係こそわれわれの経験の中心なのである。運命を変更できない宿命としてではなく、政治的行為にたいする抑制として取り扱うことで、終焉論の物語とそれをどう評価すべきかについて、違った角度が与えられる。終焉論が推進し、政治の可能性を破壊する、われわれの運命に関する三つの特殊なヴィジョン——一次元的社会・グローバル市場・テクノロジー国家——が突出してくるから、ここでさらに考察を進めることにする。

一次元的社会

一次元的社会とは、想像力の点でも実践の点でも、社会が組織化される仕方にたいする実行可能な選択肢を構築する方法が、もはやまったく存在しない社会である。リベラリズムの勝利とは、自由市場資本主義と自由民主主義がすべてであり、改善することなぞできないのであって、もしもそうした選択をしたら、人間社会は事態を悪化させることになる、ということを意味している。革命の実行者になりうる主体はすでに存在しないし、現状から将来の可能性を識別できる批判的思考ももはやない。

このペシミスティクな時代の読み方は、主として、一九九一年に確実な終焉を迎えたソビエト共産主義体制を、資本主義にたいする唯一の実践的選択肢として確認していたことにもとづいている。だが、この読み方は、資本主義と社会主義の意味を、二〇世紀における軍事的・政治的・経済的な二つの体制の特殊な歴史的対立状況の中に凍結するものである。二〇世紀全般にわたるリベラリズムと社会主義との衝突によって、階級を中心としたアイデンティティの強烈な政治が生まれ、社会的・経済的な管理運営の基本原理に疑問を投げかける政治運動と秩序の構造変革的な政治が創りだされた。

マルクス主義が予言したのは、資本主義が歴史的に確認される最後の階級的生産様式だということであり、労働者の革命がまず最初に社会主義社会を、続いて共産主義社会をつくりだすということであった。生産手段の支配権が初めて生産者自身に与えられ、国家は衰弱死することになる。資本主義が確立した生産水準を利用、発展し、自主管理を行なう、つまり、ニーズにしたがって資源を再分配する、この連帯主義共同体の夢は、ロシアの状況では実現できないことが明らかになった。ロシアでの失敗は結局、それはどこでも成功しえないということを、そのかつての信奉者たちに納得させた。ソ連共産主義は、それがまず最初に独裁制になり、続いて専制政治になったとき、つまり、ソ連の国益を世界革命よりも優先しようとして、何百万人もの市民を恐怖政治によって殺戮する結果を招き、おさえられない内外の運動を鎮圧しようとした国家になったときに、むごい失望そのものであることを明らかにしたのであった。

それに続いて、ソ連が経済的に後れをとり、結局は西欧との競争力を完全に失ったことが明らかになり、ソ連の経験だけでなく、マルクス主義の全プロジェクトについて行わなければならなかった、痛ましい再評価が完了したのだった。歴史の終焉は、マルクス主義の終焉と見なされたために、そのままに祝われた。しかしながら、ロシアの経験が明らかにしたのは、資本主義に代わる選択肢は考えられないとかありえないということではなく、マルクス主義が構築した社会主義と資本主義との特殊な対立によって、モダニティに内在する制約の本質を認識するのに失敗した、ということにすぎないのである。こうした欠点はかつてハイエクとオーストリア学派が指摘したものだったが、長いあいだ無視されてきた。彼らの論旨の核になっているのは、社会主義は近代的経済と近代的社会の複合性と矛盾しているために、ロシアはもとよりどこでも成功しえない、ということであった。連帯・道義的平等・共有・共同体といった夢は前近代的な理想であり、個人の私有権・相互依存・非人格性・専門分化した分業・市場交換に基礎をおいた社会が必要とする特性とは相いれなかったのである。

資本主義を超える新しい社会を求めたマルクス主義の夢想は、複合性からの撤退、だからこそモダニティからの撤退を表徴していた。ボルシェヴィキは、複合的な近代的経済を管理運営することが何を意味するかをよく考えなかったのであり、したがって彼らが展開した指令計画体制は、ずっと単純な社会モデル、すなわち、経済全体が市場を通じてではなく、中央から管理され調整される社会モデルを強制しようとする試みを事実上は意味したのであった。ボルシェヴィキは自給自足の農業共同体に回帰しようと提案したのではなく、彼らは、産業を維持し、近代的テクノロジーの発達を持続することを望んだのであった。その結果はとてつもない失敗であった。発展は達成されたが、巨大な人間的犠牲と経済的浪費を伴った。

ソビエト共産主義は、政治が運命を断ち切るのに失敗したこと、つまり、モダニティの鉄の檻にたいする意図された反抗が敗北を認めねばならなかった典型的実例としてあげることができるだろう。だが、それが失敗した理由はまさに、さまざまな拘束を無視して社会を再建する政治的意志の力にたいするその無謀な確信であった。すなわち、実行主体がどれほど強く状況に拘束されるかを強調し、さらに新しい社会形態がはじめは現行社会内で発達しはじめるのが常態であり、政変によって尚早に強制することはできないと主張する、別の方向に傾斜していたマルクス自身の教訓とは全面的に矛盾した確信である。ソビエト共産主義実験の失敗は、近代的社会が組織化される方法に選択肢はありえないとは言っていないのであって、それは、常に拘束が存在することの理解の重要性を強調しているのである。

複合的、相互依存的社会における能率的な経済組織にたいするこれらの拘束の中で最重要なものの二つは、私有財産権を含む個人的権利と分権化された市場である。資本主義経済のこれら核になる制度上の特徴は、政治が差配することのできるものを制限する。しかし、だからといって、そうした制限内に選択肢が存在しないという意味ではない。そうだとされるのは、十九世紀に構築された、資本主義と社会主義という現実性のない二者択一が、他のすべてを判定する基準として承認され続ける限りである。政治を通じて決定され、形成される他の選択肢の可能性は広範囲にわたっている。資本主義の多くの変型、さまざまな制度的配置、多様な法体系、国家を支えるさまざまな役割、多様な文化が存在する。たとえ単一の国民経済内であっても、単一のモデルは存在しないのである。

経済の管理運営の形をつくるに当って、政治は中心的な役割をになう。公共圏は、保守派、ネオリベラル派、社会主義者と社会民主主義者、環境保護派などの間での経済問題との関連において公益を審議し決定する中心的な場になる。論争は、経済の管理運営をどのように構成すべきかをめぐる主要な争点を提起する中核的な諸原理、とりわけ、平等・能率・自由・説明責任によって形成される。市場秩序の諸原理がきめられるだけではない。社会主義とリベラリズムの内部で、探究され、論じられねばならぬ内容のある議題がまだ残っている。指令経済への不信認が、平等に関する論議と、社会をどのように組織したら、その全市民に生涯を通じて完全に参加を許し、彼らの能力を最大限に発現できるかに関する論議を終了させるという考え方は、とりわけ、異常である。市場・貨幣・分業を廃棄した中央計画経済の虚偽のユートピアから自由になれば、左よりの思想も自由にその再生を模索し、平等を含むモダニティの核価値だけでなく、その過去から受け継いできたすぐれた洞察と理念のいくつかとふたたび結びつけられるのである。

この世界にはもはやいかなるイデオロギー的な大争点も存在しないという考え方は、リベラル資本主義が最高の地位を占めている諸国に適用されると、まことに奇妙《ストレンジ》になる。だがそれは、アフリカ、アジア、ラテンアメリカ、および旧ソ連の領土にあって、この魔法の圏外に残されている巨大な住民とのかかわりでは異様《ビザー》になる。そこでは、経済的・社会的発展に関する大争点は今なおはっきりした形をとって提出されてはいるが、それを解決する方向での進歩のきざしはほとんどない。いくつかの実例からすると、発展への障害は次第に大きくなっている。二〇世紀を通じて、富める国と貧しい国のヒエラルヒーはほとんど変化しなかった。それは、資本主義が普遍的な発展をこれまで約束してきたことの失敗を証明するものであった。西欧イデオロギーの約束と達成とのギャップは、将来、それにたいする新たな挑戦が発生することを保証している。南の貧困化が持続している状況は、分配と経済的・社会的組織化に関する基本的問題が消え去らない、ということを確実にしている。

グローバル市場

モダニティの数多くの物語の中で、グローバル市場はその中心的な傾向の一つとして提示されている。後退もあったし中断もあったけれども、資本主義の歴史がこうした物語にはっきりした一つの成果を与えているとしたら、それは世界のあらゆる部分を相互に連結した経済に統合したことである。グローバル化は均一ではなく、いくつかの地域では、こうした相互連結の多くはずっと広範囲に及んでおり、ずっと深いところにまで及んでいる。だが、やっとそれに触れたばかりの地域もある。しかし、何世紀もかかって次第に、グローバル市場が現実になってきたのである。

グローバル化に平行して、当初から、グローバルな市民社会とグローバルな政治体制が発展してきたのだが、その速度ははるかに緩慢であった。グローバル化に関する新しい言説の多くが意図しているのは、グローバル化にむかうあらゆる趨勢を、グローバル市場に合成することである。それはただ一つの方向に先導し、あらゆる国家とすべての個人が運命として盲目的にそれを甘受することを要求する、変えることのできない社会過程の表現として提示される。政治とそのさまざまな形態はすべてたいした意味をもたなくなっている。

しかし、イデオロギーの終焉と同様、これらの物語は政治的選択を表現し、政治的手段によって支えられている。争点は、このグローバル市場の性質とその将来の発展をめぐる論争は、終了させるべきか開始させるべきか、である。その将来はこの新世紀の政治にとって鍵となる問題である。グローバル市場は政治抜きには存在しないのであって、それは政治と政治的選択に依存しているのである。

グローバル市場の発展についてのネオリベラルな説明にたいする主要な選択肢は、かつてはマルクス主義であった。政治的幻想を剝奪されたマルクス主義の物語は過去数世紀にわたって発展をとげ、ようやく現在にいたって成熟期に達し、その全力展開の達成を開始しつつある社会的・

経済的体制としてのグローバル資本主義の進展にたいする独特の洞察を提示している。それを駆動しているのは資本の競争的蓄積であり、それによってその動態と非均一性が説明される。それは時とところはさまざまに異なるが、急成長と危機を通じて発展する。発展を妨げるもの――政治的、文化的、経済的――はたえず立ち現われる。生産のさまざまなパタンはマンネリ化し、その競争的な強みを失う。つまり、かたくなさと流動性の欠如が特定の市場と制度に現われるのである。だが、あらゆる生産パタンと資源および労働の特定の空間的配置は一時的なものであることがはっきりする。おそかれ早かれダムは決壊し、自己を再生し成長させる新しい機会を追求している資本は、新しい機会を見つけだす。旧来のパタンは無視され、それを支えることは不可能だから、結果的には崩壊する。国家が補助金によって当座はそれを支えようとするかもしれないが、結果的には、補助金は撤回されねばならなくなる。創造的破壊のこの過程は手段であり、それによって新しいテクノロジー、新しい組織形態、新しい市場、新しいニーズが出現する。さらにその過程は、機会の空間的拡大が、収益を維持し増大するために資本が見つけだす主要な手段の一つなのだから、グローバル市場を漸進的に構築する手段だったのである。

マルクス主義の物語は、しかしながら、ネオリベラルの物語と同じく、人間の実行機関にたいするかなり暗いメッセージをもっている。というのは、政治の役割は純粋に反動的なもの、つまり、衰えゆく産業に補助金を与えることで、雇用と過去の投資に与える競争の衝撃をおくらせようとするとか、国内経済を調整して、グローバルな競争の要求にもっと適合させようとするといった、反動的なものだと思われるからである。いずれにしても、活力、進取の精神はすべて、資本蓄積過程そのものから生ずるのであり、それと対照的に、国家は次第に力がなくなってゆくものと思われる。国家が力強く見えるのは、たとえば一九一四年以降の保護主義と地域ブロックの時代のように、グローバル市場が分断されている場合に限られる。社会民主主義運動が福祉計画、雇用保護、その他の社会対策を確立するのに成功をおさめた当時の資本にたいする局地的《ローカル》な勝利は、やがて脅かされるようになる。というのは、グローバルな競争が行われる時期に入ると、そうした余裕はもはやなくなり、高額の費用を資本はもう負担する意志を失い、生産場所を移すことで負担を免れようとするからである。その場合、国内の政治的圧力が国家そのものにむけて高まり、雇用と収益力を維持するために、こういったとりきめをひっくり返すにいたる。

グローバルな競争が激化する時期に、「きびしい勝ち抜き競走《レース》」が助長されたことで社会民主主義体制の土台がくずされたことは、資本蓄積過程の一般的傾向が非均一的であるだけではなく、社会的分極化と社会的排除の増大を伴うことの明証と主張される場合が多い。経済の高度技能のセクター、つまり、高度に保証されたセクターに吸収されることができず、全面的に排除されるか、低賃金のサービス業に雇われる余剰人口が創りだされる。グローバル市場での貧富の差は今日では以前に較べてずっと動かしがたくなっているし、国内のセクター間、集団間のギャップはもちろん、地域間、国家間のギャップも埋めることができなくなっているばかりか、拡大すらしているように思われる。こういった悪性の帰結は、競争的な蓄積の結果それ自体に起因すると考えられているが、そればかりでなく、自由市場を全世界に強制するネオリベラルのプロジェクトの追求に原因がある、とする説明もある。ネオリベラリズムは、完全市場を確保するために、地域的な制度上のあらゆる差異を消去してしまうプログラムに固執するものと見なされている。西欧的な制度の唯一の青写真が、グローバル市場の正会員の費用として、全世界に強制されるのである。こうした実験の費用は、多くの国が知ったように、高額である。ロシアにとっては、その結果はとりわけて苛酷である。二〇世紀における西欧の一実験の対象になったのは、まことに不幸なことであった。ましてや二つの実験の対象になれば、きわめつきの悪運と思われる。

ネオリベラリズムは、世界をある特定の方法で構築する、イデオロギー的な物語である。ネオリベラリズムはそれがすっかり満足するように世界を構築することはできず、それが現実にたいして強みをもつ程度にしたがって、グローバル市場を具体化している制約の少なくともいくつかを正確に知っている。それが知っているのは、収益の重要性が第一であり、資本にたいする費用を最小限におさえ、資本の作動にたいするあらゆる障害を除去する必要性である。市民社会および国家における資本の社会的・政治的支柱を無視する点で、ネオリベラリズムは、あらゆるかかわり《アタッチメント》から全面的にとき離されるという資本主義の理想を表現している。固定されたり束縛されるのを資本がよろこばないのは、経済的・社会的システムとしての資本主義が作動する道筋の決定的な側面を反映している。批判者たちが、資本は固定されねばならない、と指摘するのは、まったく正しいのである。ともかくも自律的で、社会的・政治的な制度的支持は一切不要であったとする資本蓄積の考え方は、たとえきわめて広くむかえられたものであるにしても、夢想にすぎない。だが個々の資本にとっては、それは夢想ではない。不労所得をえる機会、つまり、費用を他人に転嫁する機会は、いつでも魅力的であろう。ネオリベラリズムは、個々の資本と国民国家はその費用を最低限にまで削減して、競争者を蹴り落そうとする強い動機をもつと主張することで、この論理をむきだしの形で表明する。

間違っているのは、グローバル化がともかくも、ネオリベラルな政策を政府が採択することのできる唯一の政策として強制する、と考えることである。それは、国民国家をはじめ、その他の政治機関すべてがグローバル化によって余りにも弱体化してしまったために、今やそれらはグローバル化の論理に完全に屈服したということを認めることになろう。ネオリベラリズムが事実上表徴しているのは、いくつかの中の一つの政治的選択なのである。ネオリベラリズムのあるものは、一国におけるネオリベラリズム——国家主権を用いて、あらゆる国内機構を、グローバル化の要請とできるかぎり両立しうるようにすること——を主張する。ネオリベラリズムを、グローバル市場を政治的介入を受けないネオリベラルな諸原理によって運営するのをその任務とする、超国家的な機構と機関に組み込まれたグローバルなレベルで作動すればもっとも有効であると見なすものもある。前者は、「公正な交易」というスローガンの下で保護主義にもなりかねない(過去にあってはそのような場合が多かった)、数多くの右翼政党のナショナリスト・プログラムである。もしも他国がグローバル市場にあってこのルールに違反したら、ネオリベラル国家は報復する権利をもつ。後者は、「政治家介入防止済《ポリティシャン・プルーフ》」の通貨を好む中央銀行家とテクノクラートの夢想である。ネオリベラルなナショナリストは、気質的に孤立主義者である。つまり、彼らは国家主権原理をかたく信じており、国家は自治に委ねらるべきだ、と確信している。他国との協力は政府相互間の協力でなければならないのであって、国家を超えてはならないのだ。主権はプール化しえず、ましてや放棄さるべきではないのである。

他にもいくつかの選択、たとえば、文明に基礎をおくか、地域的な経済的利益に基礎をおくかして、地域ブロックを創るという選択もある。こうしたブロックには、いつも、他のブロックに承認される管轄権と介入権をもつ、勢力圏を確立する核国家が必要になる。一九三〇年代に創設された地域ブロックは、国際通貨制度の崩壊をもたらし、それぞれの経済内部での雇用と生産を保護する国家による防衛的反動にすぎなかった。その勢力圏内の領土と資源にたいする支配権を確保しようとする各指導国家による意図が国際的緊張をたかめ、戦争の原因になったが、最初は、諸国の拡大目的を調停しようとする意図があったのである。勢力圏は今日では文明に基礎をおくべきだとする主張も同じく、世界秩序は、他の文明に所属する国の国内問題には介入しないという、各文明の指導国家間の相互理解に基礎をおくべきことを示唆している。

この立場はグローバル市場の新たな分裂を承認し、グローバル化は、国家対立を解消し、国民国家を飛びこえる、新しいコスモポリタンな世界秩序を創りだす能力をもつとする主張をしりぞける。その見方からすると、グローバル市場を運営する巣立ったばかりの機構は、何ら正当性がなく、世界の他の諸国の同意も集めない、有力な西欧諸大国によって押しつけられたものである。世界を一元的な規範と価値の体系に従属させることは強制によってしか達成できないのであり、もしそうしようとしたら、強烈な抵抗にであうことになろう。いかさま普遍主義に代って、世界秩序は、差異と相互尊重の承認、そしてそれぞれの文化と政治体制の非通約性に基礎をおくべきである。

この見方はおそらく政治の回復を表現している。つまり、世界の新しい政治的秩序構成、グローバル市場にたいして政治の優先と選択をおき直そうとする試みである。だが、それにはいくつかの重要な洞察が含まれ、コスモポリタン秩序のより素朴な前提のいくつかについて説得力のある批判が提起されているとはいえ、この見方にしても、分析と処方の点で根本的な欠陥がある。その見方は生き生きとした新しいアイデンティティ政治、つまり、新しい友敵関係を創りだしているが、秩序の転換をはかる政治との結びつきをもたず、国家・経済・社会がどのように構成されるのか、その運営を決定する原理・規範・ルール、そして個人がそれによって選択を行う枠組についての新しい理念を提出していない。唯一の政治的選択が、グローバリストのコスモポリタン秩序か、文化相対主義者の自足的な文明かだとしたら、未来は荒涼としたものになることだろう。

だが選択肢はある。国民国家と地域の重要性を表明したからといって、自由市場ナショナリストとか文化相対主義者が想定するような孤立主義的なことばで、こうしたものが構想されねばならない、ということを意味する必要はない。現在では、開かれた地域主義の認識、すなわち、とざされたブロックに向わずに、グローバル市場参加のより広い形に向かう地域主義プロジェクトはどうすれば展開できるか、に関心があるのである。開かれた地域主義は排他的なものではない。

通貨連合や共同市場の構築は、参加、たとえば、世界貿易機関といった実行機関を通じて貿易協力を拡大するグローバルな論議への参加を妨げるものではない。開かれた地域主義が創ろうとしているのは、グローバル市場を運営する制度を改善し、政治的な選択と主張が行われる状況を保証する可能性である。現在のところ、地域主義はグローバル市場にあってはまことに公平ではないし、アフリカに較べると、たとえばヨーロッパの方がはるかに発展をとげている。だが、地域協力の構築は、経済だけでなく政治によっても形成される形の世界秩序を創りだすのに不可欠の第一歩なのである。

この問題の広がりは強調する必要がある。われわれをグローバル市場、そしてグローバル市民社会にむけて押し進めている超国家的な力はかなり先に進んでいる。だが、こういった超国家的な発展を規制し管理する能力をもった超国家的な公共圏そして実行機関の構築は、それに追いついていない。世界貿易機関・国際通貨基金・世界銀行といった現行組織の不適性が最近明らかにされている。完全に有効であるためには、決定が拘束力をもつものとして承認される、確定されたルールを政治は必要としている。われわれが直面している最大の挑戦の一つは、本当の意味で包摂的な有意なフォーラムと実行機関が、グローバルな市場内部の途方もない格差と不均一、そして地球の生態にたいする脅威と格闘するために開発できるのか、なのである。これらは政治問題である。つまり、そうした問題は他のいかなる手段をもってしても解決されないだろうし、過去に直面した大部分の問題は、これに較べたらたいしたことではなくなる。このような環境にあっては、政治は終焉を迎えているといった考え方は、いささか尚早と思われるのである。

テクノロジー国家

終焉論に関する論説によって呼びだされたわれわれの運命の第三のヴィジョンはテクノロジーの仮借ない進行であり、それをおさえこむわれわれの能力を、テクノロジーが上回ってゆく筋道である。H・G・ウェルズはかつて近代を、教育とカタストロフィーとの競争だと呼んだことがあったが、その際、科学そのものがカタストロフィーの主要エンジンの一つにどのようにして転化するかをまったく想像ができなかった。その複雑性があまりにも急速に拡大していったために、人間がその結果と共存する新しい機構を開発できなくなった、手に負えない世界という感覚が、二〇世紀の進行過程で非常に強くなった。あらゆる種類の伝統的権威が、近代的な形の権威の台頭から挑戦を受けてきたが、現在では、今度は近代的な形の権威がその正当性を失うおそれに見舞われている。権威の危機は拡大し、伝統的な形のものだけでなく、近代的な形の権威までも巻き込むにいたった。モダニティはポストモダニティに受け継がれたが、そこには基礎も、客観的な基準も、確乎とした重点も存在しない。とりわけ、普遍主義もなければ、構成されたものでなく、相対的でもない知識は存在しないのである。

近代期に確立された真理のラディカルな批判と脱構築を追求して、ポストモダニズムは、過去における他のさまざまな形のラディカルな批判が果したのと類似した役割を果している。だが、ラディカルな批判は前提と主張の論理を明らかにする点では非常に有効であるが、それ自体としては十分ではない。それは新しい実践理性の枠組を構築しない。ポストモダニズムが批判のレベルにとどまるのであれば、上げ潮の頂点に達しているモダニズムのあらゆる過程について何をなすべきかに関する指針をまったく提出できない。グローバル市場と産業 - テクノロジー体制はフィクションではなくて、あらゆる人間の背景を形成する過程なのである。こうしたものは主観的な解釈にすぎないのであって、それ以外にわれわれが考えつくものと同じく、真理や権威をもたないのだ、と語られても、たいした慰めにはならないのだ。

ポストモダニズムが提出するのは、大きな物語のない究極的に大きな物語である。それはモダニティの教義は普遍主義であるという主張を嘲笑しているが、特定の知識形態に権威があると考えることを否認する点で、それ自体が普遍主義的なのである。新しい分野を開拓する作業としてこれにも価値がないわけではないが、それは中味のある実際政治を展開して、モダニティによって投げかけられた争点に参加する意図がある場合に限られる。有名なモダニティの鉄の檻――科学・官僚制・グローバル市場――は、本質論的な物語が脱構築されるというただそれだけの理由で、消滅はしないのである。テクノロジー国家は人間の状況を左右し、解決を必要とする問題を創り続ける。

ポストモダニストの言説には、さまざまなアプローチが練られている。第一は、何ごとかが現実になされうる、あるいは実際になさるべし、ということを否定することである。それは、政治からの撤退を求めている。つまり、世界は手に負えなくなっているだけでなく、後戻りできないほどになっていて、そして政治行為だとか介入には希望がないということの承認を求めているのだ。自分自身のことだけに関心を払い、公共問題を遠くに離れて見せ物として眺めた方がよい。現代の人間の状況に関するこうした深刻な運命論が、現在、拡がっている。それが表わしているのは、公的なもの、そして政治的なものの領域、あるいは何らかの種類の公的ないし集合的な献身の全面的拒否である。それは事実を否認しようとしているけれども、こうした深刻な運命論にしても、それ自体の非常にはっきりした献身を伴った立場と同じように、一つの政治的立場なのである。

第二のアプローチが求めているのは、伝統的な権威の源をよみがえらせ、さらにそれらに新しい生命を吹き込むことによって、科学と理性への信念の弱体化という問題を処理することにある。これらのさまざまな種類の原理主義は、モダニティの普遍主義を拒否し、モダニティに葬ることが期待された価値と教義を賛美する。こうした原理主義は数多くの集団に拠り所を提供しているし、その運動と組織活動への根底的な個人的・政治的献身を促しているが、多くの場合、それは低開発段階にある諸国にしか期待されないように思われる。複雑な経済と社会にあっては、こうした原理主義は、多数派の支持をひきつけることはできないと思われるが、たとえ支持がえられたにしても、強制に頼らなくては、解決策を提出することはできないだろう。

モダニストの教義についてのかつての確信は永久に失われてしまっているし、普遍主義の限界も今では以前よりもはるかに理解されるようになっている。だが、正当性をにぎる権威の形態を発見しようとする欲求は、依然として、複雑な社会での政策構想にあっては重大である。グローバル市場の問題の多くはもちろん、科学とテクノロジーがその産業への適用を通じて創りだした問題の多くは、自然システムと社会システムの双方に関するわれわれの知識をこれまで以上に開発することによる以外は、取組むことはできない。このジレンマを回避することはありえないのだが、説明のしようもないテクノロジー国家の強化、そして同じ程度に閉ざされた産業利益と金融利益との密接な連合への道をたどりたくなかったら、唯一の解決策は新しい形態の政治を開発することである。これまでの他の実例から分かるように、政治を権力の次元だけに委ねることでは十分ではない。政治は、すべての人にそれぞれの生活における科学の重要性を認める新しいアイデンティティを鍛造し、新しいルールと制度を創造する構造改革政治《トランスフォーマティブ・ポリティクス》にならなくてはならないとする要求もある。必要なのは、公益をめぐる論議を解決するのに不可欠な判定者として科学を確認することができると同時に、新しい制度を創出することで説明責任と開放性の新しい基準をも主張することもできる政治なのである。権力・アイデンティティ・秩序の三次元に頼る公益の政治は、ある種の権威の諸形態を利用しなければならないが、政治はまたそうした権威の諸形態を確立する上で、その下では特定の種類の知識を権威あるものと認めることのできる公的空間・規範・手続きを創りだすという重要な役割を演ずるのである。この過程は直線的ではありえないし、数多くの挫折もありうるが、それは民主主義の不可欠な部分であり、その必要は減少するどころか、ますます大きくなっている。それは時には、テクノクラートと専門家による政府、したがって反民主主義的な政府と表現されるが、それが民主的な過程から切り離されたら、たしかにそれはそうなりうる。しかしながら、公益の政治は、専門的知識を政治のことばで正当化する道を見つけねばならないのだ。だから、ここで言おうとしているのは、公平性・自主性・説明責任といった規範によってそれを正当化することなのである。

政治の将来

地球と人類が直面している問題に較べると、政治がやれることなぞは情けないほど不十分に思われる。不平等と貧困の原因に取組み、きわめてつつましい資源と機会の再分配を達成するにも、深刻な構造的障害が存在する。グローバル市場の発展は、管理運営の制度的形態の発達をしのいでいる。グローバル市場の発展を停止させようとする拠点はない。だが、政治発展がそれに追いつくのを確実にしようと試みる理由は十分にある。政治的なものの領域を保持し拡大すること、つまり、超国家的な公共圏を創造することが、グローバル市場を管理する方式を改善する見通しを立てる条件なのである。たしかな保証はない。だが、そうすることは、それを可能とする空間を創りだす。それが実現されるかどうかは、新しい形の政治参加の登場と、情報と知識の広範囲にわたる普及に依存している。

現代世界に突きつけられている最重要な争点の一つは超国家的な管理運営である。すなわち、この地球と人類が直面している多くの問題にたいして協同の解決策を立ち上げられる道が発見できるかどうかなのであり、超国家的管理運営という意味は、すでに力をもっている国家と利益のもつ力と関心を強化するルールを守ることではなく、あらゆる地域と人間を含むものである。管理運営は、それが有効であろうとする限り、超国家的でなければならない。楽観主義ではなくぺシミズムにはしる理由は数多くあるが、終焉論説の多くに認められる主張はそれとは別物なのである。

終焉論は、その前提だけでなく結論においてもゆき詰っている。政治は終焉するどころか、グローバル市場に調和する包括的なグローバル・デモクラシーへの現実の格闘が始まったばかりなのだ。平等は死んだどころか、平等が政策を判定する意味を現在ほど強くもったことはこれまでなかった。政治的選択はかなりはっきりした形をとるようになりつつある。孤立主義と原理主義を選択することもできるし、あるいは、近代的世界を創りだすのにデモクラシー・科学・資本主義がもった重要性を認め、それらの恩恵だけでなく欠陥をも判断し、われわれすべてに未来を約束するような種類の超国家政体を構築するゆっくりした骨の折れる作業を続けることで、モダニティに賭け続けることもできる。そうでない行動をすることは、陰鬱な運命の軍門にくだることになる。

訳者あとがき

われわれは今、何ものかに翻弄されながら無明の闇をさまよっている。ついこの間まで、われわれ人間は、より〈人間的〉であるために戦うことをやめない存在だと思い信じて、人間の歴史過程に毅然として立っていた。そしてその営為を〈政治〉と呼び続けていた。しかし今、われわれを囲い込んでいる何ものかも識別できず、したがってわれわれの進路の方向定位も放棄してしまっている。それを〈政治ばなれ〉と呼ぶにしても、あるいは〈しらけ感覚〉と呼ぶにしても、われわれを圧搾するそのペシミズムは重く深い。

人間の存在の根源にまで達しているかのようなこのペシミズムを、人間の知性の基層をなしているペシミスティク・オプティミズムに結索する作業が、人間の現在の意味を問うているにちがいない。人間の現在をいかに突きとめるかが、まず第一に要請されているのではないか。それを歴史的認識と呼ぶのではなかったか。その認識は細分化されたものではない。人間にとって〈規律〉になりうるまで、それは普遍性をもつ形と質に達しなければならない。私は自分の晩年をその地点に設置しようとしてきた。その思念の中でぶつかったのが本書*Politics and Fate*, 2000, Polityだった。

「政治はかつて、人間社会にその運命をコントロールする力を与えることのできる活動とみなされていた。ところが現在では、ものごとをコントロールしようとする、とりわけ政治によってものごとをコントロールする人間の能力について、深刻なペシミズムが存在している。人間の状況についてのこの新しい運命論が主張しているのは、われわれが現在、人間の事態における大きな分岐点を切り抜けようとしていることなのである。それが反映しているのは、二〇世紀における自由主義と社会主義のユートピアに含まれていた政治的な希望の幻滅と理性と進歩についての啓蒙思想の大きな物語、そしてモダニティそのものにたいする広範囲にわたるしらけ感覚である。それをもっとも特徴的に表現しているのは、最近になっていっせいに表面化してきた終焉論に関する無数の言説――歴史の終焉、イデオロギーの終焉、国民国家の終焉、権威の終焉、公共圏の終焉、政治そのものの終焉――である。われわれのこの時代の運命は、グローバル化とテクノロジーに発している巨大な非人間的諸力のつくりあげた鉄の檻、反政治的であると同時に非政治的でもある社会、もう一つの未来を想像したり推進したりする希望や手段のない社会に生きることである。」

長引に耐えたのは、ともすれば混濁しかねない、それだから自分の専門なるものに逃避しかねない、われわれの勇気《い》（あるいは雄気《い》）の欠如を共感することから、〈政治〉を人間を回復する〈方法〉としてとり直す意志を喚起するためである。著者はその〈人間であるための作業〉を次のように堂々と表現している。「私は政治と政治的なものの擁護に着手し、なぜ政治によらなければ何ごともなしえないかを説明し、政治と運命との複雑な関係、そしてこの両者間に今なお持続している必要な緊張関係を探ってみる」（傍点＝内山）と。

二〇世紀はソ連崩壊をわれわれに目撃させた。それは国家としての社会主義の失敗にすぎなかった。自由主義、ましてやアメリカ版の自由民主主義が万能化したことでもなければ、市場資本主義が絶対化したわけではなかった。それは換言すれば、「民主主義の空洞化」をもたらし、グローバル市場原理による絶対化、ヘゲモニイ化を発現しただけのことであった。それは人間の退廃、堕落の始まりを意味した。デイビッド・マーカンドは、「政府にとって唯一に重要な問題――そして政治指導者にとってはなおさら――は、グローバル資本主義の命令にどうすれば最善に適応するかである」（David Marquand, "No End in Sight," *The Times Literary Supplement*, Apr. 20, 2001）と剔抉した。「それは技術的な問題であって、政治的な問題ではない。」つまり、政府は問題をすりかえることで〈政治〉を吸いあげ、われわれを政府の技術的操作を待望させる牧歌的羊群化しようとしている。われわれは《鉄の檻》に追い込まれ、そこで生かされている。それがわれわれの政治的現実としての閉塞状況であるにちがいない。

それを克服し超克するわれわれの困難な作業は、著者が明らかにした四つの終焉論に立ちむかうことを要求している。それは〈政治的選択〉を前提とする作業である。著者は、孤立主義と原理主義を一方とし、「われわれすべてに未来を約束するような種類の超国家政体」を他方とする〈選択〉を提出しているが、その〈選択〉をそのまま受容する必要はない。むしろ、ニヒリストの集合としての政府や政治家たちの性急な技術主義的な操作を反人間的な歴史的営為と見抜く知識と歴史感覚をとぎすます《政治的人間像》を自分の身体に刻み込む努力と、それが社会に発現される反覆活動としてあきることのない意志の鍛造が人間と歴史の名において要請されているのだと思う。

私が見届けた同時代人としてのアンドリュー・ギャンブル氏についていささかつけ加えておきたい。ギャンブル氏は一九四七年八月十五日、ロンドン（ウエスト・ケンジントン）に生まれた。高等教育はケンブリッジで学士（経済学、一九六八年）、ダーラム大学で修士（一九六九年）、ケンブリッジで博士（一九七五年）を受けている。一九七二年にアイザック・ドイッチャー記念賞、一九七七年にミッチェル賞を与えられた。現職はシェフィールド大学政治学担当教授兼同大学政治経済研究センター所長。神戸大学（一九九〇年）、一橋大学（一九九二年）、中央大学（一九九四年）で教鞭をとった（訪問教授）ことがある。

主たる著編者をあげておく。

The Conservative Nation (1974), *An Introduction to Modern Social and Political Thought* (1981. 初瀬龍平・萬田悦生訳『現代政治思想の原点——自由主義・民主主義・社会主義——』、三嶺書房、一九九二年), *Britain in Decline* (4th edition, 1994. 都築忠七・小笠原欣幸訳『イギリス衰退一〇〇年史』みすず書房、一九八七年), *The Free Economy and the Strong State* (2nd edition, 1994. 小笠原欣幸訳『自由経済と強い国家——サッチャリズムの政治学——』みすず書房、一九九〇年),

Hayek : The Iron Cage of Liberty (1996), *Regionalism and World Order* (co-edited with Anthony Payne, 1996), *Stakeholder Capitalism* (co-edited with Gavin Kelly & Dominic Kelly, 1997), *Fundamentals in British Politics* (co-edited with I. Holliday & G. Parry, 1999), *The Political Economy of The Company* (co-edited with J. Parkinson & G. Kelly, 2000)

最後になるが、本訳書が世にでるのに力をかしていただいた方々に、私の心からの謝意を表したい。とりわけ原著者ギャンブル氏の何度も繰り返された質疑にたいする渋滞のない応答が私をよろこばした。この四月に来日された機会を、私の事情で生かせなかったことが悔まれる。なお、ギャンブル氏の下で学んだ施光恒君（慶応義塾大学大学院）にはEメイルでの取継ぎを果たしていただいた。

訳文全体に目を通していただき、私の不敏についてご指摘、ご教示をいただいた新潟の畏友、新潟大学名誉教授内山鉄二朗先生に篤く御礼を申しあげたい。アメリカ文学専門の先生が必ずしもご体調万全でなかったにも拘らず、むしろ私を励ますように協力して下さったことを、私はかみしめている。

新曜社社長堀江洪氏は、出版人としてだけでなく、私の訳稿チェックに編集者をこえて、献身して下さった。それは本来、共訳者たるべき作業であった。誤読がへり、読みやすさがましたのは、一重に堀江氏のおかげである。

二〇〇二年五月

内山秀夫

索　　引

参考文献

Anderson, Perry, *A Zone of Engagement* (London: Verso 1992).

Anderson, Perry, *The Origins of PostModernity* (London: Verso 1998).

Arendt, Hannah, *The Human Condition* (Chicago: University Press 1958). ハンナ・アレント著　志水速雄訳『人間の条件』中央公論社，1973.5，ちくま学芸文庫，筑摩書房，1994.10.

Arrighi, Giovanni, *The Long Twentieth Century* (London: Verso 1994).

Bauman, Zygmunt, *In Search of Politics* (Cambridge: Polity 1999).

Beck, Ulrich, *Risk Society* (London: Sage 1992). ウーリッヒ・ベック著　東廉監訳『危険社会』二期出版，1988.9.
ウルリヒ・ベック著　東廉・伊藤美登里訳『危険社会』(叢書ウニベルシタス609) 法政大学出版局，1998.10.

Bell, Daniel, *The End of Ideology* (New York: Free Press 1960). ダニエル・ベル著　岡田直之訳『イデオロギーの終焉』東京創元新社，1969.8.

Berger, Peter and Luckmann, Thomas, *The Social Construction of Reality* (Harmondsworth: Penguin 1967). ピーター・L・バーガー，トーマス・ルックマン著　山口節郎訳『日常世界の構成』新曜社，1977.6.

Bobbio, Norberto, *Left and Right: The Significance of a Political Distinction* (Cambridge: Polity 1996). ノルベルト・ボッビオ著　片桐薫・片桐圭子訳『右と左：政治的区別の理由と意味』御茶の水書房，1998.1.

Bohman, James and Rehg, William (eds), *Deliberative Democracy* (Cambridge : MIT 1997).

Castells, Manuel, *The Rise of the Network Society* (Oxford : Blackwell 1996).

Castells, Manuel, *The Power of Identity* (Oxford : Blackwell 1997).

Castells, Manuel, *End of Millennium* (Oxford : Blackwell 1998).

Cerny, Philip, *The Changing Architecture of Politics* (London : Sage 1990).

Coates, David, *Models of Capitalism : Growth and Stagnation in the Modern Era* (Cambridge : Polity 2000).

Cox, Robert, *Approaches to World Order* (Cambridge : CUP 1996).

Crick, Bernard, *In Defence of Politics* (Harmondsworth : Penguin 1964). B・クリック著　前田康博訳『政治の弁証』岩波書店，1969.12.

Dryzek, John, *Discursive Democracy : Politics, Policy and Political Science* (Cambridge : CUP 1990).

English, Richard and Kenny, Michael, *Rethinking British Decline* (London : Macmillan 2000).

Flathman, Richard, *The Public Interest* (New York : Wiley 1966).

Fukuyama, Francis, 'The End of History', *The National Interest* 16 (Summer 1989), 3-18.

Fukuyama, Francis, *The End of History and the Last Man* (London : Hamish Hamilton 1992). F・フクヤマ著　渡辺昇一訳・特別解説『歴史の終わり　上・下』三笠書房，1992.3.

Gamble, Andrew, *Hayek : The Iron Cage of Liberty* (Cambridge : Polity 1996).

Gamble, Andrew, and Kelly, Gavin, 'The New Politics of Ownership', *New Left Review* 220 (November/December 1996), 62-97.

Gamble, Andrew, and Payne, Anthony (eds), *Regionalism and World Order* (London: Macmillan 1996).

Gibbins, John and Reimer, Bo, *The Politics of PostModernity* (London: Sage 1999).

Giddens, Anthony, *The Consequences of Modernity* (Cambridge: Polity 1990). A・ギデンズ著　松尾精文・小幡正敏訳『近代とはいかなる時代か？：モダニティの帰結』而立書房，1993.12.

Giddens, Anthony, *Beyond Left and Right* (Cambridge: Polity 1994).

Good, James and Velody, Irving, *The Politics of Postmodernity* (Cambridge: Cambridge University Press 1998).

Gray, John, *Enlightenment's Wake: Politics and Culture at the Close of the Modern Age* (London: Routledge 1995).

Gray, John, *False Dawn* (London: Granta 1998). ジョン・グレイ著　石塚雅彦訳『グローバリズムという幻想』日本経済新聞社，1999.6.

Hall, Stuart and Jacques, Martin (eds), *New Times: The Changing Face of Politics in the 1990s* (London: Lawrence and Wishart 1989).

Halliday, Fred, *Revolution and World Politics* (London: Macmillan 1999).

Held, David, *Democracy and the Global Order: From Modern State to Cosmopolitan Governance* (Cambridge: Polity 1995).

Held, David, McGrew, Anthony, Goldblatt, David and Perraton, Jonathan, *Global Transformations* (Cambridge: Polity 1999).

Hirschman, Albert, *The Rhetoric of Reaction* (Cambridge: Har-

vard University Press 1991). アルバート・O・ハーシュマン著 岩崎稔訳『反動のレトリック』(叢書ウニベルシタス554) 法政大学出版局, 1997.4.

Hirst, Paul, *Associative Democracy : New Forms of Economic and Social Governance* (Cambridge : Polity 1994).

Hirst, Paul, and Thompson, Grahame, *Globalization in Question* (Cambridge : Polity 1996).

Hoogvelt, Ankie, *Globalization and the Postcolonial World : The New Political Economy of Development* (London : Macmillan 1997).

Huntington, Samuel, *The Clash of Civilizations and the Remaking of World Order* (New York : Simon and Schuster 1997). S・ハンチントン著 鈴木主税訳『文明の衝突』集英社, 1998.6.

Kumar, Krishan, *From Post-Industrial to Post-Modern Society : New Theories of the Contemporary World* (Oxford : Blackwell 1995).

Laclau, Ernesto and Mouffe, Chantal, *Hegemony and Socialist Strategy* (London : Verso 1985). エルネスト・ラクラウ, シャンタル・ムフ著 山崎カヲル・石澤武訳『ポスト・マルクス主義と政治:根源的民主主義のために』大村書店, 1992.1.

Laclau, Ernesto, *New Reflections on the Revolution of our Time* (London : Verso 1990).

Lash, Scott and Urry, John, *The End of Organized Capitalism* (Cambridge : Polity 1987).

Macintyre, Alasdair, *After Virtue : A Study in Moral Theory* (London : Duckworth 1985). A・マッキンタイア著 篠崎栄訳『美徳なき時代』みすず書房, 1993.8.

Marcuse, Herbert, *One Dimensional Man* (London : Routledge

1964). H・マルクーゼ著　生松敬三・三沢謙一訳『一次元的人間』河出書房新社, 1974.4, 新装版, 同, 1980.6.

Marquand, David, *The Unprincipled Society* (London: Cape 1988).

Marquand, David, *The New Reckoning: Capitalism, States and Citizens* (Cambridge: Polity 1997).

Mulgan, Geoff, *Politics in an Antipolitical Age* (Cambridge: Polity 1994).

Mulgan, Geoff (ed.), *Life After Politics: New Thinking for the Twenty-First Century* (London: Fontana 1997).

Oakeshott, Michael, *Rationalism in Politics* (London: Methuen 1962). マイケル・オークショット著　嶋津格他訳『政治における合理主義』勁草書房, 1988.9.

Ohmae, Kenichi, *The End of the Nation-State* (London: Harper Collins 1995). 大前研一著　山岡洋一・仁平和夫訳『地域国家論：新しい繁栄を求めて』講談社, 1995.3

Pierre, Jon (ed.), *Debating Governance: Authority, Steering and Democracy* (Oxford: OUP 2000).

Pierson, Christopher, *Hard Choices: The Politics of Social Democracy in the Twenty-First Century* (Cambridge: Polity 2000).

Putnam, Robert, *Making Democracy Work: Civic Traditions in Modern Italy* (Princeton: University Press 1993). R・パットナム著　河田潤一訳『哲学する民主主義』NTT出版, 2001.3.

Rorty, Richard, *Contingency, Irony and Solidarity* (Cambridge: CUP 1989). リチャード・ローティ著　齋藤純一・山岡龍一・大川正彦訳『偶然性・アイロニー・連帯』岩波書店, 2000.10.

Ruggie, John, *Constructing the World Polity* (London: Routledge

1998).

Russell, Bertrand, *Political Ideals* (London: Allen and Unwin 1963). B・ラッセル著　牧野力訳『政治理想』理想社, 1963.9.

Schedler, Andreas (ed.), *The End of Politics: Explorations into Modern Antipolitics* (London: Macmillan 1997).

Schmitt, Carl, *The Concept of the Political* (Chicago: University Press 1996). C・シュミット著　田中浩・原田武雄訳『政治的なものの概念』未来社, 1970.12.

Spengler, Oswald, *The Decline of the West* (London: Allen and Unwin 1932). O・シュペングラー著　村松正俊訳『西洋の没落』(定本版) 五月書房, 2001.1-2001.2.

Turner, Bryan, *For Weber: Essays on the Sociology of Fate* (London: Sage 1996).

Walzer, Michael, *Spheres of Justice: A Defence of Pluralism and Equality* (Oxford: Blackwell 1983). マイケル・ウォルツァー著　山口晃訳『正義の領分』而立書房, 1999.9.

Weber, Max, 'Politics as a Vocation', in H. Gerth and C. Wright Mills (eds), *From Max Weber: Essays in Sociology* (London: Routledge 1948). マックス・ウェーバー著　西島芳二訳『職業としての政治』(岩波文庫) 岩波書店, 1952.1.

マックス・ウェーバー著　脇圭平訳『職業としての政治』(岩波文庫) 岩波書店, 1980.3, (岩波クラシックス56) 同, 1984.1.

Williams, Roger, 'Technical Change: Political Options and Imperatives', *Government and Opposition* 28: 2 (1993), 152-73.

Wolin, Sheldon, *Politics and Vision* (Boston: Little, Brown 1960). シェルドン・S・ウォーリン著　尾形典男他訳『西洋政治思想史』福村出版, 1994.8.

訳者紹介

内山秀夫（うちやま　ひでお）

略歴　1930年東京に生まれる。1953年慶応義塾大学経済学部卒業，1958年同法学部政治学科卒業。1959～60年米国連邦議会研究員。1961年慶応義塾大学法学部副手。1973年同教授。1994～98年新潟国際情報大学学長。1995年慶応義塾大学名誉教授，法学博士

著書　『民族の基層』『比較政治学』三嶺書房，『私立の立場から』『政治と政治学のあいだ』日本経済評論社

訳書　アイゼンスタット『文明としてのヨーロッパ』刀水書房，C・ベイ『解放の政治学』岩波書店，プシェボルスキ『サステナブル・デモクラシー』日本経済評論社，バイアス『敵国日本』（共訳）刀水書房

新曜社

政治が終わるとき？
――グローバル化と国民国家の運命

初版第1刷発行　2002年6月20日©

著　者　アンドリュー・ギャンブル

訳　者　内山秀夫

発行者　堀江　洪

発行所　株式会社 新曜社

〒101-0051 東京都千代田区神田神保町2-10
電話（03）3264-4973（代）・Fax（03）3239-2958
URL　http://www.shin-yo-sha.co.jp/

印刷　星野精版印刷　Printed in Japan
製本　光明社

ISBN4-7885-0813-3　C1031